Civilization's LIVES OF Greatest Sage CONFUCIUS Through the Ages

幻化之龙

两千年中国历史变迁中的孔子

[美] 戴梅可（Michael Nylan）
[美] 魏伟森（Thomas Wilson） 著
[美] 何剑叶 译

陕西新华出版传媒集团 陕西人民出版社

图书在版编目(CIP)数据

幻化之龙 ：两千年中国历史变迁中的孔子 / (美)戴梅可(Michael Nylan)，(美)魏伟森(Thomas Wilson)著；何剑叶译. — 西安：陕西人民出版社，2019
ISBN 978 - 7 - 224 - 13224 - 3

Ⅰ. ①幻… Ⅱ. ①戴… ②魏… ③何… Ⅲ. ①孔丘(前 551 - 前 479)—人物研究 Ⅳ. ①B222. 25

中国版本图书馆 CIP 数据核字(2019)第 261622 号

著作权合同登记号 **图字**：25 - 2019 - 106

出 品 人：宋亚萍
总 策 划：刘景巍
策划编辑：管中洑
责任编辑：管中洑　杨舒雯
封面设计：哲　峰　姚肖朋

幻化之龙
——两千年中国历史变迁中的孔子

作　　者　[美] 戴梅可　魏伟森
译　　者　[美] 何剑叶
出版发行　陕西新华出版传媒集团　陕西人民出版社
(西安北大街 147 号　邮编：710003)
印　　刷　西安市建明工贸有限责任公司
开　　本　787 毫米 ×1092 毫米　1/32
印　　张　9. 5
字　　数　170 千字
版　　次　2020 年 1 月第 1 版
印　　次　2020 年 1 月第 1 次印刷
书　　号　ISBN 978 - 7 - 224 - 13224 - 3
定　　价　48. 00 元

如有印装质量问题，请与本社联系调换。电话：029—87205094

目　录

第一章

《史记》和《论语》中的孔子

戴梅可

子贡已有十多年没和他的老师孔子交谈过了。他们上次见面，还是孔子送他去南方的楚国当侍臣的时候。

公元前 5 世纪初，中原地区诸侯争霸，战乱频仍。曾经对周王室称臣的 100 多个诸侯国，仅有 40 个在战乱中幸存下来，但是它们实际上已经独立于周王室，而且继续着与邻国的战争，或者处于战争的边缘。在此之前的两个半世纪中，共有 36 位诸侯国君被杀，52 个诸侯国领地被吞并。脆弱的联盟在缔结之初就注定了破裂，重续的盟约也只不过被不断践踏。每个诸侯国的宫廷已经成为那些潜在变节者的后院。随着各地诸侯势力的消长，其依附者也很快趋炎附势于那些现实中或假想中的敌人。对于孔子这样胸怀抱负、志向远大的士人来说，生逢这样的乱世，既意味着有机会施展抱负，同时也可能免不了遭遇一场人生噩梦。

当正值壮年的子贡早已做过十多年外交使臣，并且名扬天下时，他的老师还是仕途偃蹇，有志难伸。孔子带领门人周游列国，辗转求仕，却常常不得不委曲求全，但求食宿无缺。他们有好几次遭遇险境，甚至有一次孔子本人还身陷囹圄。

正是早春时节，子贡从南方的楚国长途跋涉来到孔子的家乡鲁国。他的老师也已经在多年徒劳的奔波之后，疲倦地返回故乡。这位 73 岁的老人蹒跚地拄着拐杖、倚门而立。在乍见到孔子的瞬间，子贡觉得老师几乎与自己记忆中那个高大威严的形象判若两人。如果说他们师生之间曾有过什么温情的重逢，那么应该就是这一次了。但是，见面之后，老师并没有因为子贡的到来而显得分外热情，反而严词责备他的姗姗来迟。接着，孔子叹了一口气。

司马迁——中国历史上最伟大的历史学家，也是第一个在公元前 1 世纪左右为孔子正式立传的人——并没有解释孔子为何叹息，尽管他有过这样的冲动。但他只想让后人自己解答。可是，孔子的一声叹息到底是为了什么呢？是后悔自己对钟爱的门人训斥太过严厉？是为自己抑郁不得志的一生而悲叹？还是为在垂暮之年仍然找不到诸侯国君采纳他的主张而失望？抑或是因面临死亡不甘认命而内心矛盾？也许这些原因兼而有之！不管这声叹息意味着什么，根据《史记・孔子世家》记载，孔子在叹气之后，吟唱了几句他喜爱的诗歌。作为一位博学之士，孔子选取了最恰当的歌词来表达他胸中郁积的情感：

太山坏乎！

梁柱摧乎！

哲人萎乎！

唱完此歌，孔子不禁潸然泪下，老泪纵横。

毕竟，另一位跟孔子很亲近的门人子路刚刚过世，无论是耄耋之年的孔子，还是步入中年的子贡，都不可能很快忘却他死亡的哀痛。同样重要的原因是，孔子对当时社会伦常纲纪的败坏痛心疾首，认为世间充满了由贪欲而导致的战乱，迫切需要道德的指引重新净化。另外，孔子自己潦倒的一生也是他悲愤的缘由之一。在所有中原诸侯国君中，对孔子所持有的价值观念，连一个口头上嘉许的人都没有，更不用说他们会接受和实践其治世理想与主张。面对自己的失败和一生受挫的理想，孔子，这位曾经雄辩的哲人变得压抑而沉默。

司马迁所作《孔子世家》结尾，描写了临终之际的孔子。令人好奇的是，在此之前，这位司马迁笔下的英雄看起来却是一位自以为是、令人生厌、脾气乖戾的人。司马迁的描述谨慎地显示了孔子一生多舛的政治生涯，以及他最后的心灰意冷。正如司马迁所言，直到60多岁以前，孔子都是一个自视甚高的人，一个对统治者“危言耸听”以成其教化者，并且好为人师。可以想见，当时愿意任用他的当权者寥寥无几，而且那些曾经任用过他的人，后来也后悔了。甚至他忠实的门人也会受不了他的独断专行。虽然他也许比其他人更为博学和睿智，但他自以为是的优越感总是导致屡受挫折。直到晚年，当他的雄心壮志被消磨殆尽，孔子终于成为司马迁笔下所刻画的圣人：一个好学更胜于好为人师的人。

为了达到最佳叙事效果，太史公司马迁——这位最擅长讲故事的人，特意选择了青年和中年孔子的平凡事迹——他的赌注是，如果故事的开头与中间平淡无奇，那么戏剧化的结尾会令读者对孔子更加同情。在《孔子世家》结尾，司马迁已经不需要告诉读者，孔子在汉初曾经被尊为“素王”，而且其影响历经一百多年而不衰。

后人多把孔子描写成一位大圣人，其格言也被视为治国良方。各地纷纷为他建庙立祠，奉献祭祀，他本人也被视为无可挑剔的高洁品行者，并代表了最高的文明理想。甚至有人认为他是天界文曲星的化身，只是降临到人世来建立一个理想国。关于其教化之言的古老文本与口头传承被确立为正统。在各种书面文字与公共演讲中，无论这些著述和演讲的政治家、思想家、说客具有何种伦理取向，孔子作为教育家之楷模已成为一位公认的权威。众所周知，在孔子死后五百多年间，随着孔氏家族成员不断编制其规模宏大的家谱，人们见证了孔子渐渐超凡入圣的过程（见第三章）。在爱憎交织的情感背后，司马迁在《孔子世家》中所试图揭示的，正是孔子声望如何在其死后继续影响了四个世纪的原因。

孔子对着子贡而歌的时候，他的歌声中流露出压抑的不平与怨气，这可能是他内心深处隐藏的、担心被世人遗忘的恐惧。司马迁接着叙述了孔子告诉子贡自己所做的梦：他梦到自己死后被殓在宅屋两楹之间，这正是一千年前殷商所用的殡殓之仪。关于孔子梦境的细节，一开始听起来有些不必要的学究味，但是最终道出了孔子的心声：他穷其一生来推崇周公礼制，而其实自己却是被周征服的殷商后裔。高尚的文化注定要由谦恭俭让的儒者来传扬。对孔子来说，时间已经完全混乱——通过预见自己的死亡，他也把自己的血统追溯到久远的古代。孔子可能无论如何也预料不到，他会在以后的历史中产生无与伦比的影响。

在与子贡见面的七天后，孔子死了。此事发生在鲁哀公十六年（公元前479年）四月。鲁哀公在为孔子作的诔文中哀叹他的死是鲁国的重大损失：作为国君，他再也没有机会受益于孔子智慧的忠告了。子贡对鲁国国君的虚伪十分反感，他辛辣地反驳说，孔子活着的时候，鲁哀公从来没有委以他任何要职。孔子死后数日，那些野心勃勃的王侯们也纷纷利用孔子的名义为自己沽名钓誉。因此，司马迁在《孔子世家》的结尾，也含蓄地谴责了对孔子主张置若罔闻的国君。

在鲁国都城北边靠近泗水的地方，孔子的门人聚在一起参加他们老师的葬礼（在后来的数个世纪中，孔子的门人人数被远远地夸大了，这篇最早的传记只提到了七个或八个忠实的追随者，他们大部分与孔子年纪相仿，其中两个门人死在孔子之前）。这些还活着的门人按照葬俗，留在鲁国为其守丧三年，而子贡在他墓前整整守了六年。很快，包括弟子和鲁人的一百多户人家搬到孔子墓园附近，经过几代人的繁衍，这个小小的叫作“阙里”的地方发展成为一个人口可观的小镇。

为纪念孔子，人们在他的“故所居堂”建立了孔庙（今之孔府），其中藏有不少孔子的遗物，包括衣、冠、琴，还有藏书等。在庙前空地上，建造了庙堂（今之孔庙），后世的儒生也常到这里讲习演练乡饮、大射之类的礼仪①，以纪念这位圣人的生平与说教。孔子的追随者们是他的精神继承者。

谱系在司马迁的历史世界里占有十分重要的地位，因为一个人的荣耀是一个家族命运之基础。一位声名显赫的祖先是上天赐福，有如此福荫，他的后代就可能得到土地、高官还有财

① 编注：乡饮，地方官送本乡贤士入京应试时举行的宴饮；大射，诸侯在祭祀前和臣下进行的射箭仪式。

富。一些愤世嫉俗者称之为孔氏“家业”。在司马迁的记载中，孔子的真正传人并不是其直系子孙——那些居住在鲁国的血亲，他们只是借用孔子的名义过着养尊处优的生活——他的真正传人是门人以及追随者，他们信奉孔子，到处传扬老师的事迹。这些有着高贵精神的门人最终创造出了一位伟大“祖先”，作为他们印象中的偶像。于是孔子——一个出身寒微的人，最终在中国历史上得以配享无人能及的名望。司马迁似乎从孔子身上看到了使其他壮志难酬的失意者受到鼓舞的地方。司马迁自己悲剧性的人生经历也无疑让他找到了其中的关联：他因为在朝廷上为一位将军（李陵）申辩而受到宫刑，在如此巨大的耻辱下，他不由得联想到孔子。所以，司马迁在《孔子世家》的结尾加上了他个人的注解。他引用《诗经》的诗句：

高山仰止，景行行止。①

青年时代的孔子曾经为了研习礼制，从鲁国远赴坐落在黄河之滨的周朝都城（靠近今天的洛阳）游历。而司马迁则选择与他相反的路线，他从汉朝都城旅行到鲁国阙里，只是为了搜集与孔子有关的资料来为其立传。他参观了孔庙，凝视着那些

① 出自《诗经·小雅·车舝》。

无比珍贵、已显破旧的衣冠（也许他还用手抚摸了一下），想象着孔子曾经无数次穿戴过它们。他向当地儒生虚心请教，因为他们声称自己对礼制与政治的学问都是源于孔子。在孔子生于斯、葬于斯的地方，司马迁也许会想象着孔子的音容笑貌与举手投足，因为无论是献祭，还是书写历史，都需要在心里默想着自己的对象，正如《礼记·祭义》中所描述的，只有这样，受祭者才能在祭祀者心中复活。司马迁这次到阙里的朝圣之旅，可能会让读者自然联想到他在《孔子世家》一个段落中曾提到的，孔子向师襄子学习弹琴，最后从琴声所传达的高远意境里体会出作曲者就是周文王。

在《孔子世家》的结尾，司马迁这样评论道：自古以来，杰出的君王与贤人很多，他们生前的荣耀都在死后归于尘土。但是孔子，作为一介布衣，虽已去世十几代仍被奉为六艺宗师。如果孔子曾在当时中原各诸侯国得到重用，或许他也一样会被后人遗忘。孔子由于对政治的失望而转向了编史，他确信自己会成为史家、历史的主人公和研究对象。最值得一提的是，他从精神而不是身体的角度重新诠释了英雄主义，以及建立在坚定不移的道德信念上的新力量，他以人格魅力取代了强权。所以，孔子一方面通过著书立说，一方面通过标榜道德模范，如伯夷、叔齐这两位宁愿饿死在首阳山也不愿出仕周王朝的隐士，终于使自己免于被世人遗忘。也许正义终归有回报，如果不是在活着的时候，也会是在死后，即使隔了很长的时间。

虽然孔子立志要成为一个政治家，但是最后，他和司马迁类似，以编著史书而著称于世。也许这就是为什么司马迁作《史记》也同样地遵循孔子“微言大义”的春秋笔法。二者都被认为是以明辨是非来公正地评判历史。通过把自己与孔子相提并论，司马迁希望能够恢复自己的家门名声。在高度评价超凡入圣的孔子之成就时，司马迁试图安慰自己在汉武帝治下（约公元前141—前87年）所受到的极大屈辱。在《孔子世家》的最后段落，司马迁在描述这位圣人的最后时日、葬礼和他死后的荣耀时，给了我们这样的暗示：他对孔子的敬仰之情如“高山仰止”。在他感觉脆弱的时候，特别是因为遭受过宫刑而忍受别人轻蔑的眼光时，他会抱着这样的信念：有一天自己也会像孔子那样被后人立庙（事实上在以后的年代中他的确得到了这样的待遇）。毕竟，孔子的“发愤以忘忧”人所皆知。为了赢得荣誉和名声，司马迁只需像孔子一样，著一部史书以明志、劝世，并资于治道。

当我们细细阅读《孔子世家》时，我们看到了一个微妙而清晰的结构。孔子出生时，并没有显赫的地位或者家世背景，唯一可以自豪的远祖是5世纪前的一位贵族。尽管孔子出身贫寒，还可能是个私生子，但是种种吉兆也许预示了他注定会成为一位伟人。不过，真正使他成为后世景仰之师表与圣人的，是他要努力证明自己气质与禀赋的决心。孩童时代，孔子就热衷于学习历史、仪礼、音乐和诗歌。在修身养性的过程中，他不由生出要矫正社会角色和关系的自负与野心——自负与野心常常是相生相伴的。难怪孔子一次又一次地处于不幸之中，也许他太过自负和野心勃勃了。

但是当孔子步入中年，并经历了一连串逆境与挫折之后，我们注意到孔子身上所发生的变化。作为一个年轻人，孔子曾经敏锐、急躁、盛气凌人，而且固执己见；但作为一个老人，他则放下无所不知的大师身段，重新变成一位谦卑的学生，努力以勤补拙。我们首先从孔子晚年专心学习音乐中看到这一变化，这一变化令人印象深刻，因为他的音乐才能显然是十分有限的。显而易见，人文修养更多依赖于勤奋，而不是天生禀赋。孔子曾经充满自信地教导自己的门人，现在他与他们教学相长，把他们视为人生旅途上的朋友和同伴。最令人印象深刻的是，他开始有了幽默感，特别是自我解嘲的能力。按照司马迁的描述，这些都发生在孔子被迫放弃他高远的入世志向之后，他不得不满足于把时间消磨在读书、学习和修身养性中。

司马迁关于孔子生活的简洁叙事，在中华书局版《史记》中仅有 42 页。现在，几乎任何一本关于孔子的学术著作（这样的学术著作可能有数千本）都会卖弄长达数页的注解。然而，司马迁的《孔子世家》在中国文学史上占有特别的地位，这显然不仅仅因为它是现存最早的、关于孔子一生经历的单一叙事。作为汉朝兼管典籍的太史令，司马迁可以看到大量关于孔子逸事的资料，其中可能包括托为孔子所作的《论语》，实际上《论语》的编纂时间看起来只比司马迁写作《史记》稍早。司马迁可能也知道《左传》，一部注解孔子编著的《春秋》的书，或者至少他知道一些启发了编纂者编写《左传》的资料。最后他还读到了《孟子》，一部由一位自称是孔子学说的捍卫者在孔子去世整整一个世纪后所著的文本。司马迁还走访了夏、商、周三朝都城附近和鲁地，考察古迹，并向长者请教见闻。司马迁自行选取搜集到的资料来完成写作，因为他的皇皇巨著最初是为了表达对父亲的挚爱和孝敬而作，而不是要把它作为正史来赞扬那些先贤们。《孔子世家》与《论语》都讲述了关于孔子的相似故事，但是我们无法知道司马迁是否引用了《论语》，或许这些资料来自其他口头流传或者书面记载。司马迁《史记》中只有一处出现了“（余读）孔氏书”，但这不一定指的就是《论语》这本书。司马迁对许多孔子逸事的记述往往显露了这位孔夫子的缺点。也是在司马迁眼里，孔子与门人的对话，常常是在他一次又一次仕途受挫后所发之感慨。偶尔在记载此类逸事的段落里，孔子，这位所谓的圣人，被描述成一位可怜的、不谙世事的人。由此，孔子会被忽略、被鄙视，或者被误认成一个恶名昭彰的大盗，甚至被人追赶出城时，也就毫不为奇了。人们会这样想，为什么孔子的门人要迁就忍受他？他实在是糟糕至极啊！

在《史记·孔子世家》中，司马迁对孔子的描述始于对其家世背景的追溯。他告诉我们，孔子远祖是曾被迫迁出宋国的一个显赫家族的旁支，这与后世所宣扬的孔子是诸侯王杰出后裔之说形成了鲜明对比。司马迁仅列出了三个可知的孔子祖先：孔子的曾祖父孔防叔，也是孔氏家族从宋迁鲁的第一代；他的祖父是伯夏；父亲是叔梁纥，曾经在鲁国都城附近的陬邑担任过并不重要的官职。

公元前551年，即鲁襄公二十二年，孔子出生了，是年迈的鲁国陬邑小官与一位颜氏家族的年轻女子野合所生。根据司马迁的描述，孔子是“野合而生”（即在野外交合所生，或指没有婚姻关系生下的私生子），他生下来时头上有一个凹陷，而周围隆起，所以取名为“孔丘”（故《孔子世家》中写道，“生而首上圩顶，故因名曰丘云，字仲尼”）。他出生后不久，父亲就去世了。如果我们可以相信司马迁，那么这个叫作仲尼的孩子甚至不知道自己父亲的名字。既然是陬邑之吏，他的父亲一定邻近皆知。但令人奇怪的是，孔子的母亲拒绝透露其生父名字或者其死后埋葬之地。我们无从得知这位叫仲尼的男童是否对母亲的固执感到伤心，但是司马迁的叙述向我们显示了年幼的孔子如何在孩童游戏中因扮演一位礼官而乐在其中。很明显，这一不寻常的举动预示了孔子在后来将成为声名卓著的礼仪大师，但是这同时也让我们得以瞥见他的内心世界。这个年幼的孩子是如此孤单，他甚至试图与他毫无所知的祖先交流。他的正常社交能力是如此缺乏，只能努力塑造自己，成为一系列仪式的主祭者。

在母亲过早离世后不久，一位同村的年长妇女终于决定告诉孔子他父亲的名字。我们可以想象，孔子在听到这个消息后，一定会很快去找到父亲的墓地来祭拜他。孔子急切地要弥补所谓名正言顺的合法性，哪怕只是零碎的。他花费了相当大的代价将母亲与父亲叔梁纥合葬在防山。完成了这些仪式之后，他就可以公开地声称自己是一位“士”之子，那么，他自己也就理所当然地是一位士，和别的士一样可以得到王的任命，效力于主上。伴随着一个崭新的姓氏，一个足以荣耀的血统，还有主持所有重要祭祀仪式所必备的知识和强烈愿望，孔子期待着用自己新获得的身份来实现自己多次受挫的理想。但是，根据司马迁记述，年轻的孔子还没来得及在公共舞台上一展身手，就遭到了残酷的冷遇。

有一次孔子参加了由当时鲁国最有权势的三大家族之一季氏所举办的宴会，却被其家臣阳虎（这位在公元前 505—前 501

年间暗中操纵鲁国政事者）黜退了。阳虎质疑孔子是否具有足够资格参加这样的宴会。请注意这则逸事所设定的基调：一个具有讽刺性的、代表不合法权力的象征性人物，排斥了一位在后来成为判定所有合法性的权威（阳虎作为一个注定失败的觊觎鲁国的篡位者，在司马迁的叙述中出现过几次，其中一次极具讽刺性，阳虎的敌人误以为孔子就是阳虎，因为两人都身材高大而且带着浓厚的鲁国口音）。

接下来，司马迁讲述了一个令人惊奇的故事，任何熟悉鲁国历史的人都会觉得这样的故事有点出人意料。孟釐子，一位鲁国权臣，在临终前让儿子孟懿子向年仅 17 岁的孔子学习。孟釐子说，孔子是圣人之后，也许日后也能成为圣人。孟懿子顺从父亲遗愿，与鲁人南宫敬叔一起向孔子学礼。但是根据孔子和孟懿子的出生日期推断（不考虑孟釐子的死亡之日），在孟釐子死的时候，孔子应该是 34 岁，正当壮年，而不是 17 岁的少年。理所当然地，一位经验丰富的老师比一位名不见经传的少年更合适教导一位大臣之子。但是错置的孟釐子临终告子的时间却无意中透露了司马迁的意图：这一故事与阳虎不能看出孔子内在的高贵形成了鲜明对比。同时，这一情节也提醒了读者，并不是所有关于孔子的故事都是准确可信的。这两个并行的叙述，一是关于冷酷的拒绝，一是关于热情的认同，给了读者即时的阅读满足：谴责目光短浅者，赞扬慧眼识才者。无知的欺凌者注定将得到应有的报应！

孔子的第一份职位是为有权有势的季氏管理粮仓，把税吏征收的黍麦一一清点入库。他的第二份职位仍然是为季氏服务，管理家畜。据说，在他的管理下，季氏的牛羊都繁殖迅速。然后，司马迁谈到孔子离开了鲁国，前往齐国。至于他离开的原因，司马迁没有给予充分的解释。

孔子开始了第一次周游列国。不幸的是，他刚刚抵达齐国没多久，就被驱逐了。在宋国和卫国，他的境遇也好不到哪里去。在通过陈国、蔡国边界时也遭到阻挠。无奈之下他又返回了鲁国。在鲁国，至少他还有不少相识的人，其中一个就是南宫敬叔。也就是这个南宫敬叔，向鲁昭公请求与孔子一起到周的都城旅行，并在那里学习古代的仪礼。鲁昭公和颜悦色地答应了，并赐给他们一辆车、两匹马上路。这也许意味着，这些恩惠并不是专门给孔子的。

在参观周的都城时，这两位来自鲁国的男子见到了老子——当时的“柱下史”（王室的典籍管理者，一般认为是《道德经》的作者）。在分别之际，老子送给孔子一句临别赠言：像孔子这样能言善辩、有真知灼见的人常常使自己陷于危险的境地，因为他们总是忍不住要指出别人的缺点。直言不讳的代价往往是引来危险甚至杀身之祸。孔子没有听从老子的劝诫，正如司马迁在《孔子世家》中所揭示的那样，孔子的一生都在昭示他忽视老子语重心长的忠告而招致的危险后果。

也许是由于他在周的都城学到了专门礼仪，回到鲁国后，孔子吸引了更多的人投其门下求学。此时，孔子的年纪大约三十开外。如果我们可以相信《论语》的记载，那么孔子曾经这样骄傲地宣布他的“三十而立”。无论如何，孔子登上了政治舞台，随时准备好辅佐诸侯国君。

此时的鲁国国君，在多次遭到其他强大对手的围困后，清楚地知道与任何强权结盟都会招来其他诸侯国的愤怒。如果说鲁国国君曾经需要过圣人忠告的话，应该就是这个时候。但是当齐景公在大臣晏婴的陪同下到鲁国做国事访问时，我们却看到孔子去拜见了齐景公。其间，孔子对历史典故了然于胸，有理有据有节。他首先提到上个世纪地处偏僻的秦国国君（秦穆公）之所以能成就霸业，是因为其善于不拘一格选拔人才，如蹇叔与百里奚。孔子这么说，并不仅仅是为了讨好齐景公——一个也有称霸野心的君王，很明显，他想对齐景公投其所好，好让自己取代晏婴的相位。可惜这样意图明显的自荐并没有给他带来任何好处，反而招致了与晏婴——这位名重一时的权相之间长期的仇隙。

此后不久，鲁国陷入混乱。由于斗鸡引起的争执，鲁国的三个大族造反，鲁昭公仓皇逃到齐国，孔子紧随其后。到齐国后，孔子又继续千方百计寻求成为齐景公谏臣的机会。

起初，齐景公似乎根本没有注意到他。直到孔子专心致志地学习虞舜时的古乐曲，以致“三月不知肉味”，才最终引起了齐景公的注意。齐景公反复地问他治国良策，孔子谈到了政事的原则，即在现在看来颇为空洞的“正名”，做国君要像个国君，当臣子要像个臣子，做父亲要像个父亲，当儿子要像个儿子。刚开始，齐景公对此很感兴趣。他欣然接受了这一基本理念，也赞同孔子对于节俭的强调。毕竟，如果他减少国家开支，也许可以节省更多经费来发展壮大军队。无论如何，齐景公对孔子还是很看重的，还打算把一个叫尼溪的地方封给他管理。之后，感受到潜在威胁的晏婴开始长篇大论地向齐景公抱怨，像孔子这样的“儒者”，是不会成为治国良臣的。他们来自其他诸侯国，自然也会忠于原来的国君。他们有嗜古的癖好，也喜欢铺张浪费。由于他们坚持繁琐礼制，特别是葬礼，这实际上是在破费财产，而不是支持节俭。他们会怂恿国君横征暴敛，无视这样的行为所带来的长远后果，使国家陷于破产。最好还是维持国家原来的治理之道，富民强兵。

晏婴谴责孔子以精英自居（这也不是最后一次孔子的对手宣称只有他们才把百姓利益放在心上）。齐景公很快不再支持孔子，也不再向他请教治国方略。孔子的理想转瞬间被一位狡黠的政客毁灭了。意识到在齐国再也不能成就什么事业，孔子很不情愿地返回了故国。

现在，孔子已经42岁了，既没有一官半职，也没有机会让任何国君听到他的治世良言。他在鲁国的仕途十分黯淡，因为鲁国的三个权臣——季氏、孟氏和叔孙氏继续为了争夺国家大权而互相倾轧。只有当神秘现象或事物出现时才会有人来向他请教，比如来历不明的怪物身上插着奇怪的箭头（见下文孔子在陈国的章节）。孔子的答案，从来都是正确的，也证明了他对世间奇异事物的博学多识。他原本志得意满，以为自己能兼济天下，但是却在现实中越来越被忽视，并远离了那些让鲁国分崩离析的政治斗争。同时，阳虎——这位季氏家臣，后来变得越来越专横跋扈，残酷无道，到处抓捕那些反对他的人。孔子无可奈何，只能暂时退出政治生活，回到对那些以口头或书面形式流传的《诗》《书》《礼》《乐》的整理中，并努力提高今后谋政的才能。即便如此，据说孔子的门人还是源源不断地增加，甚至有些人从很远的地方慕名而来。

就这样，八年一晃而过，孔子已经50岁了。此时，季氏的另一位家臣与阳虎合谋造反，对抗鲁昭公。兵败后，他们一起逃到齐国。当这位叛臣召请孔子的时候，孔子的反应是完全不适宜的。他似乎随时随地在等待任何让他效力的机会，哪怕对方是鲁国的背叛者，而且是以其宿敌阳虎的名义。很明显，孔子已经为有朝一日能登堂拜相准备得太久，以致忘记了为什么要为自己的国家效力。最初，他胸怀大志，试图整顿鲁国政治，以此作为恢复宗主国周王室礼制的第一步。一位仁人君子会由于助纣为虐而轻易地身败名裂，孔子清楚地知道这一点，因此，为了粉饰自己效力于造反者的意图，孔子自比于周王朝的传奇开创者文王和武王——两个成功地推翻了前朝暴君的贤者，他们开疆拓土，把原本有限的国土疆界一直推到整个黄河流域以西以北的地方。孔子门人中最敢于直言的是子路，他严词责备孔子这种堂而皇之的幌子，直到他再也无法找到更好的理由来反驳。最终孔子还是很不情愿地拒绝了那位叛臣的邀请，留在鲁国，而实际上这一决定在后来给他带来了意想不到的好处。

鲁定公很快就任命孔子担任中都地方的行政长官。根据司马迁的记载，孔子花了不到一年的工夫，就把中都治理得井井有条，堪称模范。为了表彰他的才能，鲁定公把孔子提拔为大司寇，管理公共事务和司法。孔子把握这次机会，使自己登上政治舞台。他曾经作为司礼者，出席了鲁定公与齐景公的一次言和会盟。就是这位齐景公，大概十年前孔子曾经向他乞官而未果。在这次会盟中，孔子征引古代先例，劝说鲁定公带领军队，来保证会盟的顺利进行。他的雄辩和旁征博引显示了他无可置疑的博学。然后孔子主持了会盟典礼。最初的仪式刚一结束，一名齐国官员立即冲上前要求乐师和舞者表演，鲁定公对此没有提出异议。但是齐国带到边界来的并不是普通乐队，而是经验丰富的持械勇士。他们挥舞着武器和旗帜鼓噪而至，跳跃，旋转。孔子意识到即将发生的危险，出面干预，但仍不失温文儒雅。他建议说，这些野蛮的夷狄乐舞会削弱如此重要之会盟的庄严性。当齐国的持械舞者依然继续他们具有威胁性的表演时，孔子加重了反对的语气，他是礼貌的，但又是十分坚定的，齐景公只能勉强同意了。另一位齐国官员并没有被这样的情势所动，他要求至少允许齐国的宫廷乐师们表演。孔子针锋相对，迅速下令刑戮了图谋不轨的表演者。在司马迁的讲述中，齐景公感到羞愧，因为来自鲁国更加文明的对手让他在臣下和士兵面前丢了面子。为了挽回颜面，齐景公意想不到地展现了慷慨，承诺归还齐国曾经从鲁国窃夺的部分土地。在这次惊心动魄的会盟中，齐国也许更有武力，但是鲁国却更有智慧，这都要归功于孔子。

也许司马迁不需要提醒读者，齐国曾经想要绑架或者暗杀鲁定公。毕竟《左传》对孔子形象的描述极尽溢美之词：他是深谙礼制的超级战略家，一位军事专家，同时也擅长辞令，让一场可能降临到鲁国的灾难化险为夷。在《左传》故事里，表演歌舞杂耍的被戮杀了，因为他们就是被训练来杀人的。问题是，为什么司马迁把这样极具戏剧性的桥段排除在他精心构思的故事之外？《左传》里的孔子是一位辉煌的战略家，高贵而谦恭，但他的成功里又有着残酷性。对比之下，司马迁《史记》里的孔子充其量只能算是严厉。他公开指责那些舞者是“夷狄”，他下令刑戮齐国的侏儒，是十分冷酷和奸诈的，即使当时是为环境所迫。很可能，司马迁想要描绘的孔子形象，更多集中于他如何一步步、有点难以置信地成为圣人的进取人生。这位太史公想要强调的是，普通人也具有发展成为成功人物的潜力，哪怕具有这种潜力的可能只是极少数人。如果他的《孔子世家》显示人到中年的孔子已经十分完美，就无法令人信服地证明这一点。

就在孔子可能还沉浸在齐鲁会盟成功的喜悦中时，他又目睹了鲁国受到的另一次侮辱。鲁国的三个权臣季氏、孟氏和叔孙氏，在他们领地周围修建防御工事。孔子毫不犹豫地告诉鲁定公，一个治理良好的国家，不会允许任何臣子有自己的私人武装或者强化其领地防御。于是，鲁定公任命子路去拆除这些防御工事。季氏听从了子路的劝说，但是孟氏拒绝拆除塔楼和护墙。鲁定公于是包围了孟氏所居之城，因为此城处于齐鲁之间一个十分具有战略性的位置。但是这次围城最终还是彻底失败了。

在56岁的时候，孔子由大司寇理国相职务，最终登上了他所能理性地期望的事业顶峰，因为毕竟他与朝臣权贵没有什么特别联系。他上任伊始的政绩之一是以谋反罪将时任大夫的少正卯正法。不久，随着鲁国百姓的生活得到改善，鲁国经济也开始逐渐繁荣起来。鲁国的肉铺老板们不再欺骗顾客，街衢交通畅通有序，遗失的物品总能物归原主。其他国家的人来到鲁国，都对鲁国蓬勃发展的繁荣景象和良好的社会秩序留下了深刻的印象。从其他列国来到城邑的客人不必向官吏请求，全都获得接待，宾至如归。在孔子的影响下，各地也不再巧立名目征收杂税。

但是一个安定富强的鲁国对其邻国齐国是一个威胁。鲁国或许可以恢复其五百年前周初时尊贵的地位，这一想法让势力强大的近邻齐国感到了恐惧。于是齐国想方设法削弱孔子在鲁国的地位。他们找到了一个简单的权宜之计。齐国给鲁定公送去了 80 名绝色善舞的女子，还有 100 多匹好马。鲁定公很快就沉溺于女色和游猎而不问政事，更不用说其他大臣了。耽于色欲不能自拔的鲁定公最后竟然忽略了一年一度最重要的郊祀典礼——由于鲁国与周天子的血缘关系，它曾经是所有中原诸侯国中唯一获此殊荣的国家。鲁定公的怠忽职守让孔子特别焦虑，烦躁不安。国君对女色的沉迷，令孔子十分反感，他讥笑道："妇人搬弄是非，可以逼贤人出走；妇人向君王告状，可以导致国破人亡。"① 随即，他自愿出走，离开鲁国前往卫国，在那

---

① 原文是："彼妇之口，可以出走；彼妇之谒，可以死败。"（《史记·孔子世家》）

里子路的妻兄有一定的势力。

孔子曾经觉得他的理想很可能在鲁国实现，理想与现实一度是那么的接近，但是却在临近实现时从成功的边缘一下子滑落，这一深刻的失败不仅仅让人质疑鲁定公治理国家的能力，同样令人质疑孔子作为辅臣的能力。孔子把他改革理想的失败归咎于那些由齐国送给鲁定公的善舞的年轻女子。这不幸的插曲肯定会给那些孔子同时代人一个著名的反面例子。相比之下，大名鼎鼎的郑国子产，是一个精明能干的人，在短短三个月（不是三年）的时间里，他让自己的国家移风易俗，他的政策有很多热情的支持者，就连敌国及其间谍也无法破坏郑国边界的完整。因而，人们不禁要心生疑虑：在试图说服别人的时候，孔子是否并不知道如何运用沟通的技巧呢？作为孟氏派别的偶然一员，孔子是否太快地转向其他政治势力呢？或者，更为根本的是，他是否忽视了自己关于“恕”的训诫呢？

无论如何，卫灵公听说孔子来到卫国，便向孔子许诺如果他愿意留在卫国辅佐自己，就可以得到在鲁国时同样的俸禄。孔子欣然接受了这一条件。但是不久，他就遭到了一位卫国朝臣的诽谤。为了避免因为公然驱逐孔子而让自己有失体面，卫灵公让一位带着武器的侍卫故意进出孔子处所。孔子觉察到危险，便自行离开了卫国。

孔子继续西行，到了陈国。当他经过匡城时，被错认为是恶名昭彰的阳虎。当地人围住了他的马车，把他从车上拉下来并关进了监狱。五天后，落在后面的孔子门人终于在狱中见到了自己的老师。在司马迁的叙述中，孔子第一次痛心疾首地向天而吁：“文王既没，文不在兹乎？天之将丧斯文也，后死者不得与于斯文也！”他是想说，周文王死了以后，周代的礼乐文化在他身上得到了继承。如果上天要消灭这种文化，后人就再没有机会继承它了。对孔子和天道来说，幸运的是，这次错认身份的事最后被解决了，孔子也被释放。

在返回卫国以前，孔子又在附近的蒲城被迫滞留了一个月。就在听说孔子返回卫国的消息后，卫灵公夫人南子邀请他到宫廷见面。孔子被实现政治理想的野心和唯恐被人视为弄臣的担心而折磨着，最后他认定自己无法礼貌地拒绝南子的邀请。孔子的门人惊诧于孔子竟会答应在南子的私所与她见面，于是孔子稍稍安慰他们，并保证他与南子决不会做出任何不合礼法之事。一个月后，孔子陪同卫灵公和南子一起外出郊游。孔子坐在紧随南子之后的马车上，经过首都的大街小巷时，他注意到人们如何空巷而出，争睹南子——这位流言中淫荡女主角的姿色。人们是不会为了看一位有德行的君子而空巷的。怀疑自己被这位狡猾的国君夫人利用来掩饰她数不清的私情，孔子立即离开卫国而前往曹国。

随后，孔子去曹适宋，却遇到了新麻烦。因为宋国的司马桓魋决定要谋杀孔子，以防他充满感召力的个人威望会对自己构成巨大威胁。于是，孔子与门人在大树下演习礼仪，当他的注意力集中于门人的时候，桓魋命令心腹把那棵树砍倒。孔子的门人都吓坏了，试图劝说孔子赶紧结束仪式，但是孔子表面上看起来很镇定，他只是这样回答："天生德于予，桓魋其如予何?"即使如此，孔子还是在桓魋的手下人回来以前和门人一起离开了。

不知为何，在仓促逃往郑国的路上，孔子与门人失散了。门人到处向当地人打听："有没有见过我们的老师?"当地人于是描述了一个独自站在城东门的男子，虽然他的相貌与古代圣王（如尧、皋陶和禹）略有相似之处，但是"累累若丧家之狗"。孔子婉谢了关于他外貌的赞美，但是听到他们形容他"若丧家之狗"时，他欣然大笑地说："然哉！然哉!"

郑国统治者是又一个不能赏识孔子的人，因此孔子与跟随者们只好继续在饱受战火蹂躏的中原四处游荡，最后再回到陈国——当时陈国还没有被其强大的东南邻国吴国入侵。此后，陈国城池相继沦陷于残忍的军队之手。在一次特别的围堵中，一只被箭射穿的隼落在陈国的宫廷里。孔子被召请来解释这一恶兆，他再一次显示了渊博的知识和出色的推理能力。他说，隼一定是从很远的地方飞来，或者与一个来自远方的人一起相伴而来。的确，那支箭的长度和箭杆所用木材，还有用砮石做成的箭头等方面都与远方的肃慎国出产之箭很相似。孔子记起来，很久以前在周武王伐纣并建立周王朝后，他曾经从肃慎人那里收到这种箭作为进贡之物。孔子断言，在陈国的国库里一定能找到这样的箭，因为周武王在女儿嫁给陈国第一位国君时，把这些箭赠给爱女。果不其然，在陈国国库里发现了一批这样的箭头，这也强调了孔子的信念，即陈国王室后裔永远不能忘记周王室的恩情以及它的旧联盟。这只特别的、穿箭而死的隼一定是上天降下兆示，提醒陈国不要忘了它与周王朝曾经共有的历史。

尽管当时陈国卷入了与吴、晋和楚的战争，孔子还是在那里住了三年多。最后，孔子忽然有了归乡之意。他对门人宣称，他在鲁国的年轻门人需要他的引导，“吾党之小子狂简，进取不忘其初”。当孔子和门人经过蒲城时，公孙氏正据蒲反叛卫国，蒲人包围了孔子一行。与孔子随行的、驾五辆马车的侍卫中，有一位叫公良孺的，他英勇无畏地为孔子开道，冲出重围。蒲人被公良孺及其他侍卫的气势震慑住了，他们答应放孔子走，只要他承诺不返回蒲的敌国——卫国。孔子当场郑重发誓会信守诺言。但是当他一获得自由，就径直奔卫国而去。门人子贡对孔子的背信弃义十分痛恨，但是当他质问孔子时，他的老师却婉转地回答说，在要挟下订立的盟约，是不会被认可的。

卫灵公听到孔子重返卫国的消息，急切地想从孔子那里知道当时的军事形势，于是亲自驱车到卫国边界来迎接他。一见到孔子，卫灵公就开门见山地问他是否可以马上进攻蒲。孔子回答说可以，蒲城男子都愿意效忠卫国，就连蒲城妇女也要不惜任何代价守卫西河的堤岸。卫国要攻打的只是少数跟随公叔氏的蒲城叛乱者而已。不过，卫灵公并没有听从孔子，最后还是放弃了攻蒲的念头。但是如果孔子指望着年迈的卫灵公会封给他一官半职作为此事的回报，那真是个可悲的痴想。孔子对门人抱怨说，如果他能得到任用，只需一个月就可以让卫国恢复秩序，如果有三年时间，他就能实现治世的理想。但是孔子却看不到在卫国的出头之日，不得不另做打算。

就在此时，佛肸占据了中牟，反叛赵简子，他派遣信使召请孔子助他一臂之力。孔子又一次遭到门人子路的反对，子路说："我听夫子说过：'本身做坏事的人，君子是不会去他那里的。'"① 虽然孔子最后态度软化，但是做出不参加佛肸反叛的决定并不容易。他反问说："………我难道是一个匏瓜，怎能只是挂着好看而不能吃？"②

---

① 原文为："由闻诸夫子：'其身亲为不善者，君子不入也。'"
② 原文为："吾岂匏瓜也哉？焉能系而不食？"

没有职位，也没有得到应有的回报，孔子发现自己无处可去，也无事可做。他已经好几次试图成为诸侯国君的顾问，但是都失败了，于是他决定重新当一名门人，潜心学习音乐。一开始，他觉得自己在这方面的才艺平平。有一次，他练习击磬，他用心地敲击着，但是只有一个过路人听出他演奏时的心境。后来，他又拜师襄子为师学琴。一连十天，他的琴艺都没有任何长进。他说："我已经熟悉曲调了，但还没有熟练地掌握弹琴的技法。"师襄子就让他继续练习。又过了十天，孔子开始掌握了弹琴的技法，但是还不能深刻地理解乐曲所表现的情感意蕴。于是，师襄子让他再回去练习。经过 50 天的刻苦练习后，孔子终于宣布他能与作曲者心意相通了。在重新弹奏这首曲子时，他已经把它别具一格的特点融会贯通，以致他仿佛觉得自己看到了仰慕的文王——周王朝的开创者。终于，孔子在音乐方面卓然有成。

可是，在孔子最后一次返回家乡鲁国之前，他还是注定了要再多游荡些日子。孔子在卫、陈、蔡和楚之间穿梭，这些地方在他眼前模糊闪过。然而，渐渐地，孔子开始对自己有了更清楚的了解。他对门人子路亲切地谈到了对自己的评价，"学而不厌，诲人不倦"，"发愤忘食，乐以忘忧，不知老之将至"。批评他的人（为数不少）嘲笑他想要改变世界的徒劳尝试，但是孔子还是很坚持，即使他知道，可能他所有的努力不能改变任何事情。不仅相信自己身上所具有的高贵人性，而且也相信在所有人类身上潜在的尊严和价值，他不无悲哀地感慨：“鸟兽不可与同群！”①

在孔子返鲁终老以前，孔子曾问他的门人，到底他哪里错了：“我的理想错了吗？为何会落得如此下场？”② 子路以他固有的率直回答说：“也许我们还不够仁道，所以别人不信任我们；也许我们不够明智，所以没有人任用我们。”孔子想起了两位宁愿饿死也不失其气节的隐士伯夷、叔齐，于是他又问：“那么，你怎么解释伯夷和叔齐的命运？”他是在暗示善行未必能得到好报。子贡则建议孔子降低说教的标准，让资质和德行平平的普通人也能够接受。孔子反驳说，无论农夫多么善于稼穑，收成好坏还是要靠老天，也就是说，谋事在人，成事在天。颜回——孔子最钟爱的弟子，却是最后一个发言的，他对孔子说：“为什么您要为他们不接受您而烦恼呢？我们已经修习您宣扬的大道很久了，如果大道不行，羞愧的不是我们，而是那些治国者。”（这段感人的段落只出现在《史记·孔子世家》中，而不在《论语》里）

在这次师生之间坦诚的交流后，孔子为子贡远赴楚国送行，

① 见《论语·微子第十八》。

② 原文为：“吾道非邪？吾何为于此？”

后来子贡在那里功成名就。门人冉有也离开他，带领季氏军队抵抗齐国。对那些向自己求教的人，孔子会这样回答："我什么也不知道。"他开始考察礼乐制度并整理诗歌。他很少谈论利益、天命和仁德等抽象概念。① 当他与乡人在一起时，他显得格外谦虚。他邀请人们和他一起唱歌，如果他们唱得很好，他就让他们再唱一遍，这样他就可以加入他们一起唱。

与《孔子世家》不同，我们在《论语》里所瞥见的孔子，是一个不仅知道什么是真理，而且孜孜以求的孔子，一个知天命而且忘我的孔子。《论语》首章列出了君子所期望得到的三种快乐："学而时习之，不亦说乎；有朋自远方来，不亦乐乎；人不知而不愠，不亦君子乎。"贯穿这段话的大义是，"道"不应该由个人喜好而取舍，而应成为持久喜乐的源泉，只要它能确保每个人都实践它并得到回报。因而所有修习"道"的人都会在活着的时候被视为"上宾"，且受到应有的尊敬。这伟大的"道"，很多人觉得它很难解释，其实它可以简单地概括为"老者安之，朋友信之，少者怀之"，就是说，对老人要安慰，对朋友要可靠，对年幼者要爱护。另外，在《论语》里也记载了孔子的话，"仁远乎哉?"，即"仁"离我们不远，只要我们有心，就会发现它时刻都在我们身边!

---

① 原文为："子罕言利与命与仁。"

作为社会性的完美体现，孔子在《论语》里是问心无愧的。他非常清楚地知道那些争战的诸侯国应该怎么做才能建立一个黄金时代。国君们首先要做的是让子民承担好各自的社会角色，领导者或追随者，家长或孩子。作为统治者、精英，应该认识到一个好的政府该是给它的百姓谋福利，不求回报。他们应该为别人提供各种获得成功的机会，而不是为自己谋求特权，因为这是任何人所共同的需要。令人欣慰的是，“己所不欲，勿施于人”，在处理公私事务时，先想想自己的意愿，再以同样标准对待他人，做出判断，这样行事就大致没问题了。

孔子在极短时间里，提出了一个条理分明的实施仁政的纲要：“道千乘之国，敬事而信，节用而爱人，使民以时。”即那些大国的统治者应该要谨慎行事，履行诺言，勤俭节约，对子民要仁爱，征用百姓要在农闲之时。很显然这个纲要对任何统治者来说都太过严格，无法实施。比如孔子认为强大的国家应该要“足食，足兵，民信之”，即，有充足的食物、足够的军事装备，还有百姓的信任和支持。当被问到这三者中哪一个最重要时，孔子回答说，是食物和百姓的信任。显然，武器只是在防卫战时被用作最后的手段。孔子对侵略性战争的反对在《论语》里是不言而喻的。当被问到兵阵之事时，孔子只是简短地回答说：“俎豆之事，则尝闻之矣；军旅之事，未之学也。”他坚持认为，如果真的治国以“礼”和“仁”，那就足够了，不用多言其他。

特定制度可以随地点和时间而变化。重要的是国君要取信于民，确定如何能让人民自由地生活，减轻他们的负担，因为孔子认为只有那些在经济上得到保障的人才可能会参与到礼仪艺术中，而这样的礼仪艺术被孔子认为是人类存在的荣耀所在。因此孔子告诉冉有治民之道是“富之”“教之”，即先让人民富裕，然后再教导他们。他认为，如果不以道德教化百姓，就是背叛了他们；没有教导百姓就把他们派上战场，就相当于把他们置于死地，是非常残暴的。孔子也鄙视那些只注重空洞名声而不去真正关心百姓困境的人。有一次，孔子请原宪做总管，并给他九百斗谷物作为酬劳，原宪却推辞了，孔子责备他：“不要推辞，你可以把剩下的施舍给你的邻里乡亲啊!”①

在我们准备离开公元前100年左右司马迁所讲述的孔子之前，也许还要稍稍谈谈孔子对妇女的态度。从来没有人会花费这么多笔墨在这样一个专门话题上，关于这方面的讨论也是孔子研究中成效甚微的地方。在所有关于孔子的早期传说中，妇女只被提到过两次。第一次，可能是在孔子和那位任性风骚的南子会面以后，他得出了几乎确定的评价：“唯女子与小人为

---

① 出自《论语·雍也》：“毋！以与尔邻里乡党乎!”

难养也！近之则不逊，远之则怨。”关于这个说法，我们无法确定孔子是否特指南子，或者所有女人。第二次是出现在《论语·泰伯第八》，他评价周武王之母、文王之妻是“圣人”之一，这一次他所提到的女子是确定的。如果我们不了解孔子对文王之妻的高度评价，而只是看到“唯女子与小人为难养也”的话，我们就会得出错误的结论，认为他鄙视所有女人。而其实，孔子并不是这样重男轻女的人。

在《墨子》里，墨子门人批评孔子的追随者，认为他们太过善待女性，把夫妇关系与父子关系看得同等重要。然而除了《论语》里谈到孔子对自己母亲和一位女儿很礼貌客气外，我们还是没有充分的证据确信他对女性的态度究竟怎样。很明显，无论在《论语》还是《孔子世家》中，女性很少出现，原因应该是：《论语》的编纂者主要把注意力集中在孔子周游列国途中与他的门人和诸侯国君们的相互关系上，而《孔子世家》的作者（一个被阉割的男人）把孔子作为他在处理与宫廷正式和非正式关系时候的榜样。妇女在宫廷里为数不多，且她们能施加的政治影响是非正式的。无论如何，早期传说中的孔子生活在贵族社会，与我们所处的社会很不一样，那个时代世袭身份的重要性几乎总是超过了性别。根据那个时代的标准，这也是优秀的历史学家们对待历史的唯一标准，孔子不是对女性怒目而视、厌恶女性者，也不是攻击女性的禁欲主义者。可能对孔子最严厉的批评是，他没有注意到在仪式角色、家庭责任、贵族特权以外而存在的女性，尽管他在描绘各种人际关系特性时富有创造性和勇气。孔子的门人子夏对他的评价看起来比较贴切。根据《论语》，子夏说：孔子是完美的，远远地看去，他无比严肃；但当你靠近他，你会发现其实他温和而亲切，敦厚又坚定，威严而不严厉，庄重又不失安闲。①

结　论

司马迁的《孔子世家》完成两千年后，当今社会中孔子的形象幻化出了多重面孔：一位“签语饼”警句格言的制造者②，一位杰出的道德哲学家，一位旧式的古文物家，一位天生的圣人，一位成天为礼仪细节而操心忙碌的白胡子老人，一位对人类的善变倾向做出诚实评价的务实思想家。一些评论家选择强调孔子的道德哲学，还有人强调他的政治主张；一些人着重于研究他作为学者或者历史学家的活动，也有人详细叙述他沿着修行之路所历经的艰苦旅程。孔子的形象，像苏格

① 见《论语·述而第七》：“子温而厉，威而不猛，恭而安。”

② 编注：签语饼，英文名 fortune cookie，美国的中餐馆中常常作为餐后甜点的一种烘烤的元宝状小点心，里面印有中英文的签语，签语内容常常包括人生励志的警句格言。

拉底、柏拉图、耶稣、老子、摩西、穆罕默德和佛陀等一样，已经被改变了，以便适应后来时代的不同需要。我们试图从历史中找寻“真实的”孔子，但是没有找到任何一个令人信服的生动描写，因为关于孔子的生平和学说在公元前100年就被热烈地争论过，司马迁的《孔子世家》和《论语》就是在类似的环境中产生的，这样的争论在今天的中国还是同样热烈。

顾颉刚，20世纪中国最伟大的历史学家，十分明智地指出，我们要考虑到“各时代有各时代的孔子，即在一个时代中也有种种不同的孔子”。基于此，本书将连续呈现五种“不同的孔子”，即：作为批评对象的孔子；在汉代地位无比崇高的孔子；作为孔氏家族一员的孔子；一位学行深厚、深谙大道的圣人孔子；一位在明清时期被顶礼膜拜的孔子。事实证明，那些孔子的故事对后世有着十分深远的影响。然而终极的问题可能是：“是否曾经有一位真正的孔子？”对于佛陀与老子，人们可以肯定地说：“有很多。”但是如果我们联想到埃兹拉·庞德①的长诗《诗章》第13章中关于孔子的诗句，也许我们不必

① 埃兹拉·庞德，美国诗人和文学评论家，意象派诗歌运动重要代表人物。他一生推崇中国文化，孔子、儒家思想是其翻译和创作的重要源泉之一。他在促进东西方文化交流中起到了很大的作用。

对此顾虑太多：

孔子　从
王朝的神殿边走过
消失在那片雪松林里
然后，出现在河流的下游

司马迁的《孔子世家》以令人激动的赞颂之词结束：

太史公曰："《诗》有之：'高山仰止，景行行止。'虽不能至，然心向往之。余读孔氏书，想见其为人。适鲁，观仲尼庙堂、车服、礼器，诸生以时习礼其家，余低回留之，不能去云。天下君王至于贤人众矣，当时则荣，没时已焉。孔子布衣，传十余世，学者宗之。自天子王侯，中国言六艺者，折中于夫子，可谓至圣矣！"

不过，根据孟子，这位比司马迁早三个世纪的证人证实，孔子故事的结尾有点灰暗。孟子是孔子的追随者之一，他的家在离曲阜步行不到一个小时的小邑。孟子讲述了孔子死后所发生的事：

子贡反，筑室于场，独居三年，然后归。他日，子夏、子张、子游以有若似圣人，欲以所事孔子事之，强曾子。曾子曰："不可，江汉以濯之，秋阳以暴之，皜皜乎不可尚已。"（《孟子·滕文公上》）

从以上这段话我们也可以看到，虽然孔子曾经是位非凡之师，但是他的门人在他死后不久，就想师事他人。

下一章内容将向我们昭示，孔子如何从一位人师而被推崇为至高无上的圣人与完美中庸之道的代言人。

推荐阅读书目

1. 三部《论语》的英译本：Arthur Waley trans. *The Analects of Confucius*（London：G. Allen Unwin，1938）；Simon Leys trans.，*Analects of Confucius*（New York：W. W. Norton，1997）；Roger Ames and Henry Rosemont trans.，*The Analects of Confucius*（New York：Ballantine Books，1998）.

2. 关于司马迁的英文著作，请参见以下著作：Stephen W. Durrant，*The Cloudy Mirror*：*Tension and Conflict in the Writings of Sima Qian*（Albany，NY：SUNY Press，1995）.

3. 关于孔子家族的早期历史，请参见以下论文：Robert Eno，“The Background of the Kong Family of Lu and the Origins of Ruism，” *Early China* 28（2003）：1—41.

4. 关于战国时代经典学术的背景，请参见以下著作：Geoffrey Lloyd and Nathan Sivin，*The Way and the Word*：*Science and Medicine in Early China and Greece*（New Haven：Yale University Press，2002）；Michael Nylan，*Five “Confucian Classics”*（New Haven：Yale University Press，2001）；Nicolas Zufferey，*To the Origins of Confucianism*：*The Ru in Pre－Qin Times and During the Early Han Dynasty*（Bern：Peter Lang，2003），part I.

5. 关于《左传》中的孔子形象，请参见以下著作：Ann－ping Chin，*The Authentic Confucius*：*A Life of Thought and Politics*（New York：Scribner，2007）.

第二章

孔子和他的批评者

戴梅可

自生民以来，未有夫子也。

——《孟子·公孙丑上》

没有他的批评者，孔子可能什么也不是。就像雕成一尊半身像需要不断凿剔坯体一样，在汉代及其以前的文献中出现的孔子形象总是伴随着许多诋毁者对他的攻击。这些敌对者以讽刺的方式来捕捉和描绘孔子，正是由于他们恶意的批评和讽刺性的恭维，迫使人们对孔子的“中庸之道”反复评价，从而也使孔子形象逐渐凸显为丰碑式的伟人，否则他可能只是个有点模糊的历史人物。从战国晚期和汉代文献记载来看，孔子似乎奇迹般地预料并反驳了每一个对他说教的攻击，这些说教包括自我修养及其所需的非凡牺牲精神与想象力。顺理成章地，孔子的形象在人们心目中变得越来越高大。所以在五十年前，阿瑟·韦利（Arthur Waley）写道，孔子说教令人难以置信的成功是：“试图赋予中庸之道以情感的魅力。”孔子的早期拥护者精心编制的孔子语录，需要一系列以他的名义而制造出来的有效中庸之法。

阅读那些批评孔子的言论之所以十分重要，还有一个原因是：人们很容易忘记在公元前221年中原地区统一（即秦灭六国）之前，从来没有迹象显示孔子最终会成为中国历史上一位独特且最重要的人物而备受敬仰。奉孔子为“至圣”的观念可以追溯到汉代（公元前206—公元220年）的事件和制度（请见第三章）。不过，在孔子死后的数百年中，几位与他齐名的思想家的主张，对中原地区的统治阶层有着同等甚至更大的吸引力。尤其是在公元前4世纪至公元前3世纪，墨子与杨朱的学说在宫廷与朝臣中的影响，远比孔子的要大得多。尽管孔子在鲁国传说中是一个声名远播的人物，但是在鲁国以外所流传的故事中，他却是被嘲笑的对象，一个漫不经心而又有点残酷的人。这些故事让他变成一个懒散的梦想家，一个聒噪的吹毛求疵者，一个可笑的失败者。只有孟子（晚于孔子一个世纪）和荀子（晚于孟子一个世纪）对孔子说教的雄辩，才使这位圣人免于被遗忘的命运，至少汉代的文献典籍是这样记载的。对孟子和荀子来说，孔子是一位本土英雄——孟子来自邹国，从那里步行到孔子家乡曲阜大概也就一上午的时间；荀子也曾经在邹附近的兰陵当过兰陵令——无论是孟子还是荀子，他们都不是孔子的直传弟子，所以两位思想家不得不诠释和改造孔子学说，使之与他们自己时代凸显的问题息息相关。应该说，通过孟子和荀子，孔子形象才得以光彩照人。他们把孔子提倡的以中庸之道来提升自我学养（第四章会有详细论述），巧妙地等同于君子在备战时所经过的艰苦训练，以此来完善孔子的形象。

公元前4世纪至公元前3世纪的思想家们，现在有一个集体的名称，叫“诸子百家”。像孔子一样，这些思想家绝大多数都是些游荡四方、寻求恩主的辩士和博学之士，他们希望依托于王公贵族来实现自己的主张，同时也期望通过广纳弟子，使自己名扬天下。也许除了庄子（这其实是一个笔名，也许曾经不止一个人用过它）之外，这些大师都很善于推销自己，以使多年苦学的古史与典章制度获得高度的认可。为了压制自己的竞争对手，他们常常写作充满讽刺意味的作品，互相挖苦和嘲笑对方。那些著名人物，包括孔子，也成了被嘲讽的对象。的确，为了卖弄自己的策论，他们委婉地劝谏朝野上下，并把自己的观点与孔子的相提并论。如此，他们揭示了孔子作为导师、治国顾问、思想家和独立个人的多个不同面孔。毕竟，随着孔子地位在他死后的不断提高，没有任何一个决策者能够完全避开有着传奇色彩的孔子。虽然批评者们也并不想这么做。（孔子忠实的门人们应该感谢那些批评者，因为他们的批评反而使孔子声名远播。)

像喧嚣聒噪的传记作者一样，每位大师都试图从孔子学说中找到不同的解读或者瑕疵。他们对孔子所言断章取义，并且重塑他的形象，以达到自己的目的。他们中有的人认为，只有他们从孔子学说中所领会到的“大道”才是令人信服的，而其他的诠释都不够严谨。其他人则对这位圣人加以讽刺，把他描绘成自以为是、自吹自擂、吹毛求疵的老古董，对改革的危险干预者，或者一位与治国大业毫不相关的人。就在他们对孔子思想进行攻击、赞扬或者质疑的时候，他们批评的真正目标是那些与他们竞争入仕的孔子门人和传人。考虑到对孔子学说的关注延续了数百年，我们就不会对早期批评家们攻击圣人性格和说教中最薄弱的部分而感到惊奇了。这些说教包括：孔子认为家族的重要性超过了国家；一个人要务必求其“诚”，甚至不惜一死；还有，规模宏大的礼仪展示具有重大意义。

在今天阅读这些诸子百家的著述时，我们仍能从他们的文字里感觉到流露出的紧迫感，以及他们决心让社会从混乱到有序，用道德来杜绝奸淫、劫掠和欺诈行为，用文明代替野蛮的心情。那个时代是危险的，不仅对诸侯国和它们的统治者而言，对诸侯的谋士们来说也是如此。在很多人看来，公元前 8 世纪到公元前 5 世纪（根据孔子的编年史，这一时期被称为“春秋时代”），那个时代的社会状况已经坏到不能再坏了。但是就在孔子目睹他的时代所发生的各种事件时，曾经是北方平原典型战争形式的低伤亡、小规模战斗和马上厮杀，开始变为由成千上万的士卒参与的大规模军事战役。不久，120 个诸侯国就锐减到只剩下 40 个，但是这些简单的数字掩饰了更为混乱的现实，因为在这些战争中，那些战败国失去了它们的土地、权力，而且常常还包括其人民的自由或生命。即使这样，国君们在阻挡富于掠夺性的邻国入侵时，还是想借机扩张自己的领土，强大的氏族间也频繁挑起战争，农民起义也是此起彼伏。因此从公元前 475 年开始，即孔子死后的两个半世纪，被贴切地称为“战国时代”。当时，只有七个主要国家在中原争霸，但是战争的规模越来越大，毁灭性越来越强，大大小小的战争不计其数。欧洲三十年战争的残酷性，提供了与战国时代类比的可能性，只不过当时的中原与周围地区的混战持续了两个多世纪。直到公元前 221 年，中原统一那年，这样血腥的征服与并吞才得以结束，并诞生了一个疆域辽阔的帝国——秦。（在英文里，“中国”也是由“秦”而得名。）

对于孔子死后数世纪宫廷与诸侯国的日常活动，我们所知甚少，只知道每个领地最初都是由一个家族所统治。不过，经过一代一代的兴替，统治特权几乎很少能一直掌握在同一家族手里。毕竟，当时的死亡率很高（大概婴儿的出生死亡率在 60%），而那些侥幸存活下来的成年男女又面临着各种额外的挑战，包括养育孩子和参军打仗。常见的豪门贵族之间的通婚，以及王族后代子孙的无能与不关心政事，意味着每一个诸侯国的国策常常更多是由世袭权臣决定的，而不是名义上的国君。孔子生活的时代，如我们在第一章已经看到的，鲁国国君在做出重大决定之前几乎都要先与三大家族的首领商量，尤其是季氏。因此，我们从现存那个时代为数寥寥的文献记载中看到，处于更大和普遍冲突中的政治家与国君们不得不制定内政外交政策，想方设法来保全自己的领土，哪怕它小得微不足道，同时，他们还野心勃勃地要扩张领土。

如果对统治者来说，人生在于冒险；那么，对那些流动的、被征召的谋士们来说，就意味着要应付更多的挑战，同时也可能遭逢实现自己远大抱负的巨大机遇。韩非子在秦统一六国前夕，谈到了劝谏君王之艰难。他列举了迎合国君兴趣的必要性，因为这样才能使国君倾听他的意见，但是也不能一味迎合，免得引起其他大臣的疑心。鉴于此，战争时期的状况倒是有利于形成前所未有的社会流动性。上层贵族与下层平民之间角色可以互换，那些出身平民却能够有效谏上的谋士，在很多情况下比那些出身名门却不能献策献力的对手们，更能得到国君的赏识。与此同时，武士的出身与背景，也不如他在战场上的决胜能力来得重要。谋士与将军们都很注重实效，即他们得考虑：什么样的特定传统才能最直接地引导个人和国家达到需要的目标。在国家内部，最核心的问题是：什么样的特殊政策才能为社会最大多数人在最短时间里带来最好的秩序，和最少意料之外的后果？甚至诸子百家中最形而上学的哲学家们，也在他们对人类本性的研究中思考这些问题，以便为他们推荐的主张提供合理的基础。

战国时代那些大师们的著作能够流传至今的原因之一，是他们的写作方式令人难忘，而且他们提出的问题也有持久的重要性：(1) 人类的本性是什么，人类的行为动机是什么？(2) 古代的礼仪、传统和典故或者法律在影响和维护社会秩序方面有什么样的作用？(3) 如果君王与大臣在国家的健全政体中起着十分重要的作用，那么什么样的人才有资格来领导国家和民众？(4) 年少者如果要在社会上发挥积极作用，传播文明社会的规范，他们需要向长者学习什么？(5) 财富如何被重新分配才能达到最大公平和稳定秩序？(6) 在由混战造成的动乱中，什么样的策略能够提供最好的机会从而取得优势地位，或者至少求得生存？

孔子只是谈到了其中的部分问题。他的学说以三个相互关联的论点为前提：人类是社会动物，建设性的社会关系为政治秩序提供了道德基础，政治稳定和经济公平是教导百姓行为得当的先决条件。我们所能看到的每个关于孔子的早期记载，都把他描绘成这样一位老师：他认为礼仪和仁恕，而不是惩罚和自我扩张，才是通向个人和社会修养的唯一途径，也是通向传统意义上的成功的最直接、看似可信的道路。但是我们也被告知，孔子拒绝对某些话题做长篇大论，包括命运、鬼神，还有可能最能体现其想法的人性。关于人性，在《论语》里孔子只谈到人在出生时是相近的，但是随着时间的流逝，他们从父母、老师和自己那里受到的教育与修养各有差异，从而习性变得各不相同。

不过，到战国时代，每个思想家都认为，有必要对“人性”这个棘手的问题做出解释，即使他们只能花费部分精力来完成这个任务。由于他们都向国君大臣极力主张特定的做法，所以不得不注意让自己的建议对统治者和臣民来说都是力所能及的。毕竟，由父母、农民、士卒等共同做出的一系列选择，将最后决定这个国家的兴衰。父母可能把他们的孩子培养为忠诚的、优秀的、造福于社会的人，也可能培养出完全自私自利的人；农民可能会精于稼穑，也可能因为疏于天时而导致颗粒无收；士卒可能在战场上勇敢杀敌，也可能因为怯懦而临阵脱逃。在战国时代，这些简单的观察促使诸子百家从人类本性出发，思考如何才能创造出一个更加和平和丰富的世界。很多人设想，只有当北方中原统一在单一旗帜下，和平才会真正到来，但是哪一个诸侯国最终获胜，以及它将成为怎样的国家，取决于人的品质和能力。

根据传说，两个针对孔子的尖锐批评来自接舆，一个与孔子同时代的人。他以隐士身份居住在南方的楚国。在与孔子的一次不期而遇中，接舆警告孔子说，教导别人是冒险的，而且很可能会给自己招致祸害。如果孔子在世道乱离、统治者无视人才的境况下还试图继续劝诫，他就很难因才智而受到尊敬。但孔子至死都未改变的固执，没有让人认为他是一个具有不屈不挠意志的人，反而被认为是一个老旧、愚顽、被蒙骗的傻瓜。以下就是《庄子》中记载的关于孔子与接舆的这次邂逅：

> 孔子适楚，楚狂接舆游其门曰："凤兮凤兮，何德之衰也！来世不可待，往事不可追也。天下有道，圣人成焉；天下无道，圣人生焉。方今之时，仅免刑焉。福轻乎羽，莫之知载；祸重乎地，莫之知避。已乎已乎，临人以德。殆乎殆乎，画地而趋。迷阳迷阳，无伤吾行。吾行郤曲，无伤吾足。"（《庄子·人间世第四》）

在第二个与之相关的故事中，这位接舆重复着他对孔子的谴责，认为像孔子这样的人是在宣扬虚伪的道德。接舆从肩吾那里听说，国君可以凭借自己的意志推行法度并让人民听从，就说了下面一段话来激烈地批评："这是欺骗道德的做法！如果像那样治理天下，就好比下海去开凿河道，让蚊虫背负大山一样。圣人治理天下，难道是靠外在的法度吗？他们一定是以德正己并教化百姓，使人们各尽其能。况且，连鸟儿都懂得高飞以躲避弓箭的伤害，鼷鼠也知道深藏于社坛下的洞穴以逃避熏烟和凿地的祸患，而你竟然连这两种小动物避祸的本能都不了解！"①

接舆把孔子夸张地描述成一个自以为是的饶舌之人，不能认清自己的真正性格。而在《论语》里的孔子是"容易冲动、感情丰富、不拘形式的人，一个具有智慧和幽默感的人，一个能够用敏锐的感觉来微妙嘲讽的人"②。

在本章里，我们还将研究孔子的其他五个批评者，在其追随者心目中，他们都是公认的大师。按照大致的年代先后顺序，他们是：墨子、杨朱、韩非子、庄子和王充。这五位大师中，除了王充之外，其他四位大师是否确实写作过相传的经典之作，

---

① 见《庄子·内篇·应帝王第七》，原文是"狂接舆曰：'是欺德也。其于治天下也，犹涉海凿河，而使蚊负山也。夫圣人之治也，治外乎？正而后行，确乎能其事者而已矣。且鸟高飞以避矰弋之害，鼷鼠深穴乎神丘之下，以避熏凿之患，而曾二虫之无知？'"

② 详见这篇论文：Christoph Harbsmeier, "Confucius Ridens," *Harvard Journal of Asiatic Studies*, Vol. 50, No. 1 (June 1990), pp. 131—161.

我们还是存疑的。那些托名于他们的著作，可能是在秦统一六国后编写的，甚至有一些可能是作于西汉末年。在这些批评家中，只有墨子勇于对孔子进行全面的、直接的批评。作为改革家的墨子，想从儒家传统的内部对孔子学说进行改造，摒弃浮华和外在的东西，而直指其本质之所在。

当富于传奇性的孔子名声刚刚开始在鲁国以外受到重视的时候，在他之后的那些自称为“儒家大师”、自诩是经典学和六艺专家的假想对手，对孔子提出了质询。用以下这种策略，这些儒家大师就可以在提出新观点的时候，避免冒犯孔子的仰慕者。也许我们并不感到奇怪，处于孔子以后时代的大师们倾向于把传奇式的孔子视为“儒宗”，并受惠于他天才的想法。考虑到提出新的见解可能会遭遇种种危险，后来的辩论家们试图把“儒”描述成还没有完全精通孔子宏大思想的劝谏者，认为这样可能更谨慎周全。他们把与自己意见不同的观点贴上“以偏概全”“有缺陷”和“不完整”的标签，以此暗示他们的新见解才是更包容的、彻底的、有效的。

不过，所有辩论家们（包括那些自视为孔子后代传人的经典学家们）把孔子视为他们的行业“祖先”——自由职业的创始者。这样的人才在艺术与文学、历史与典故、仪式与音乐方面具有令人钦慕的造诣，或者也有着行政与军事的雄才大略。对真正的经典学家来说，从历史上伟人的生平中，他们不但了解到可以效法的惯例，而且可以学习到已知世界的宏大管理模式。一个人通过适当的礼节、服饰穿着和语言谈吐来展示自己，这样他本人及其国君的表现也许就会更加令人印象深刻。熟知王朝兴替是成为好谋士的另一个先决条件。因为孔子曾经编过《春秋》，把历史事件与“寓褒贬”的微言大义结合起来，那些以“知人”而引以为豪的人总是把自己视为孔子的精神传人，不管他们是严格意义上作为“孔子伦理道德追随者”的“儒”，还是只是坚信“史可以鉴今”的精明辩士。当然，雄辩家们出于宣传新观点的意图，会嘲弄前人是来自愚昧时代的不合时宜者，但这并不意味着这些能言善辩的演说者一定要推倒孔子作为早期儒家宗师的地位。

所有的经典学家都是雄辩家和游说者，凭借他们丰富的历史知识而功成名就。因为由那些大师及其门人宣传的“普遍智慧”，被认为是代表了对世界运行规律的实用性理解，历史上的成功和失败经验已经证明了它的效验。最杰出的经典学家们在催促统治者考虑他们提出的治国新法的可行性时，对这一学说增加了明显的道德内容。所有的经典学家们在以一系列雄辩手段来运用孔子学说时，都具备足够的聪明才智、博学而且野心勃勃。

墨子对孔子的评价

墨子出生于鲁国或者邻近的宋国，大约晚于孔子一个世纪，比孟子稍早。根据传说，墨子曾经当过工匠（很可能是木匠），还曾经因为犯罪受到了墨刑（一种刺面涂色的刑罚）①，而且在他成为孔子最激烈的批评者以前，他也曾经是孔子最忠实的追随者。和另一个存在在不同时空的木匠一样，墨子以他的“兼爱”说而闻名。② 墨子把“兼爱”解释为“平等地爱别人”和“使所有人受益”，而不只是使自己的家人和朋友得到好处。在墨子看来，这样的品质让人类能够效仿公平普照万物的上天。根据墨子的思想，偏爱是万恶的根源。像孔子一样，墨子也是注定要来改造这个世界的。有这样一个故事：当墨子听说当时最强大的楚国准备进攻一个小国时，他日夜兼程走了十天十夜，到楚国去劝谏楚王放弃这次侵略行动。他也像孔子一样，坚持认为国君们常常没有自己的主见：他们声称要使自己的国家富裕，人口众多，政治清明。结果却使百姓陷入不幸的境地，令

---

① 编注：古代的俘虏和罪犯往往被发配为服苦役的工人，而且必受墨刑（即在脸上刺字或刺花纹）作为标识，因此有人认为此即墨子及墨家的由来。

② 编注：此处暗指耶稣，因为耶稣当过木匠，还提倡博爱，所以常有学者将墨子与耶稣相提并论。

他们承受苛捐杂税、沉重徭役，像牲口一样在田里劳作，或者在远离家乡的战场上阵亡。对大多数人来说，生活就像在地狱一样，如果地方官腐败无能，那就更是雪上加霜。平民的基本人权被否定，根本无法保护自己，也没有办法摆脱这样的命运，他们对自己或者别人来说都是微不足道的。由于这个原因，墨子提出，恃强凌弱是决不容许的。

墨子的追随者这样赞美他，“天下无人，子墨子之言也犹在”。不过，墨子的许多主张都是从孔子那里借用的，或者直接建立于孔子的观点之上。在谈论社会公平的时候，孔子并不是主张对人区别对待。比如，在《论语》中孔子说：“君子对于天下的人，没有固定的厚薄亲疏，一切都按照义行事。”① 孔子和墨子都同样强调对地位尊贵者的忠诚和对别人的关心，也强调统治者应该“尚贤”，而不是看重那些世袭贵族。这让人联想到两种观点都试图吸引那些低位的世袭贵族。墨子也引用被孔子赞美的圣王，并坚持认为，“故古者圣王甚尊尚贤而任使能，不党父兄，不偏贵富”。同时，在严厉指责那些王廷好战派把未经训练的民众推向战争这一点上，孔子和墨子的声音也是一致的。

---

① 见《论语·里仁第四》：“君子之于天下也，无适也，无莫也，义之与比。”

据说在当时“名满天下”的墨子其实已从根本上打击了孔子及中庸之道，而不是对孔子学说进行继承或发扬。那么，我们应该怎样看待这样的现象？墨子对孔子的门人来说，是个可恶的人，不只是因为他的名声与孔子相匹敌，甚至超过了孔子；而且因为与孔子相比，墨子是一位非常出色的政治家。更重要的原因可能是，墨子对孔子提出的两个基本原则表示质疑，即：家庭在道德修养中的首要性，还有铺张的礼仪形式所具有的道德作用。墨子不无讽刺地指出，自然的家庭并不是“自然的”和睦的。然而孔子曾经强调家庭在道德生活中的首要性。孔子相信，首先，是父母把他们生活中最宝贵的礼物传给了孩子；其次，家庭代表了美德的“基础”，孩子从中学会敬爱别人，并且用文雅得体的言语和举止来传达这样的感情。墨子却坚持认为，把自己家人的重要性置于他人之上其实不能算是“仁”。在墨子眼里，真正的君子对待所有他认识的人都应一视同仁，邻人之父就如同自己的亲生父亲一样。

因此，在孔子伦理道德观的拥护者眼里，完全接受墨子的学说就会招致“目中无父”，或者根本就无亲无故。墨子难道没有告诫过统治者举贤不避亲吗？根据墨子的推论，任何愚人都知道，如果一个社会是由受过良好教育，并超越了狭隘自私观念的成员所组成，那么由这些成员来照顾他们的亲人是更好的选择。因为只有这样的社会，才能让一个人的父母在危难时候也得到照应。即使如此，对任何一个儿子来说，最重要的孝道是："如果我先爱护并为他人父母利益着想，那么别人也会以同样方式对待我的父母作为报答。"个人与家庭的利益容易妨碍大众的利益。特别是那些拥有权势的权贵大家族，阻碍了整个社会内部的平等性。这样的自私已经一次又一次地证明是完全起反作用的，因为"内者父子、兄弟作怨恶，离散不能相和合；天下之百姓，皆以水火毒药相亏害"①。

很明显，仁人处理事务的原则，一定是为天下兴利除害。为了抵消家庭分裂的负面影响，墨子倾其一生把他的跟随者组织成一个团体，成员称为"墨者"（我们认为所有的成员都是男性），在一个像他这样精心挑选的领袖（称为"钜子"或"巨子"）的指导下一起生活和劳动，成员们绝对地服从"巨子"。在"巨子"临终之际，他可以指定该组织中最有能力的人来接班。家庭背景与影响在这个组织里是不被考虑的。只要一个人有能力，他就会被提拔，就算他只是一个农夫、工匠甚至曾经是囚犯。墨子对"互助行动"的确有很充分的认识。根据墨子的设想，出于本地防卫或者生产需要，每个组织的团队可以在很短时间内被调动起来，团队集中体现了关于公平的理念。此外，团体行动可能比个人努力更有效。单个家庭对于服

① 见《墨子》，卷三，《尚同·上》。

务全体社会成员的长远利益来说，实在太小、太脆弱、太片面和太狭隘了。像这样为了共同目标把来自不同家庭、意志坚定的人凝聚在一起的墨家组织，要比单个家庭更有积极意义。如果这个组织的人足够勤勉，那么，尽管他们只代表了一个社会的少数人，但他们仍然能够改变整个社会。只要统治者用赏罚分明的手段来强化公正无私的行为，百姓自然就会选择"兼爱"（为所有人谋福利）的原则，而不是孝敬的原则，因为"兼爱"本身就可以使没有血缘和姻亲关系的人们产生一种认同感——

> 夫爱人者，人必从而爱之；利人者，人必从而利之；恶人者，人必从而恶之；害人者，人必从而害之。此何难之有?①

面临这样的选择，没有哪个男人、女人或者孩子不愿意与那些胸怀天下、有兼济之志的人站在一边。因此，这就是为什么墨子说"爱人者，人必从而爱之"。关于这一点，墨子很肯定。

墨子是正确的。人们也认识到了他的学说的实用逻辑性。

---

① 见《墨子》，卷四，《兼爱·中》。

如果墨子没有对孔子学说的核心进行第二次攻击，我们就无法确定孔子的追随者是否还会不遗余力地发动一系列反击（其中以孟子的反击最为有名）。但是在他们眼里，墨子走得太远了，因为他认为朝堂之上的铺张礼仪和音乐表演对一位仁君来说毫无用处，即使它们只是作为君王用来树立自己令人敬畏的权威的工具。墨子的批评从简单的评论开始，“人们最想要的是生，最恨的是死”。他紧接着提出了问题，什么是人类生存所需要的基本条件？墨子回答说，人们需要食物、衣服和住所，但是如果国家总是用高额的税收来掠夺他们的劳动果实，破坏农事，让他们难以耕作，或者派遣他们到战场上杀敌，他们的基本生活条件就不能得到保障。任何剩余的财富都应该被重新分配，以便帮助那些艰辛劳作的百姓，而不是被挥霍在声色犬马上。总的来说，当权者必须放弃对奇珍异宝和土地的贪欲，这样，食物、衣服、房舍、防卫武器、舟楫和车马才能最终足够分配给社会上所有的人。

墨子认为，如果君王把用于朝堂礼仪和表演的巨额花费（用墨子的话说，“去其无用之费”）重新分配给普通百姓，那么，为最多的人谋取最大福利的目标就能实现。一旦君王不再压迫他的臣民，而是保障他们的生活，那么百姓将全心全意地为他效忠，国家也会重现经典文献中所载的古老黄金时代令人羡慕的伦理道德，以及民众对现实生活的高度认同。国君废除形形色色对国家治理有负面作用的礼仪和音乐表演的同时，他也该弃用那些口若悬河的辩论家们，因为他们代表了被白白浪费的时间，即使那些辩论并没有试图破坏良好的判断力和理性。辩论家们在想方设法让国君的头脑被宏图大志的荣耀激励的时候，他们只是一味地刺激他发动侵略战争的胃口。墨子强调，朴素的语言有利于清明政治，也便于国君与臣民的沟通。因此孔子追随者在辩解那些削弱国家力量的政策时，他们把习惯与现实、风俗与义举相混淆。墨子宣称，只有他提出的建议（而不是孔子的）才会让人们在遵循真正的中庸之道时恢复起码的尊严。在下面这段话中，墨子用圣王制定的节葬之法来强调他的节用观：埋葬死者的时候，衣服穿三件，足以让死者的肉体腐烂；棺木三寸厚，足以让死者的躯骸朽坏。挖掘墓穴，不要深及泉水，也不要太浅而使腐气散发于上，这样就可以了。死者埋葬以后，生者不要长期服丧哀悼。①

墨子对“今天下之士君子，知小而不知大”② 的陋见更是嗤之以鼻。

孔子的追随者当然对墨子奚落他们的同道、攻击给他们带

---

① 见《墨子》，卷六，《节用·中》，原文是：“衣三领，足以朽肉；棺三寸，足以朽骸。堀穴深不通于泉，流不发泄则止。死者既葬，生者毋久丧用哀。”

② 见《墨子》，卷七，《天志·上》。

来职业声望的礼乐制度感到愤愤不平。在墨子看来，孔子本人也缺少基本自觉，他只知道接受酒肉，而不问它们从何而来，这与那些叛国者和造反者没什么两样。他说，孔子费尽心机，一意孤行。当墨子指责那些虚荣的儒士们懒于行动的时候，他讽刺他们“好吃懒做，经常陷于饥寒交迫的险境而无法避免。他们就像乞丐一样，依靠别人的食物生存。有了食物就像田鼠似的藏起来，像公羊一样贪婪地注视，或者如阉过的猪一样跃起”①。这样辛辣的讽刺，的确令那些自命清高的儒士们难以接受。

即使在那些口气温和的段落里，墨子也免不了从他个人好恶出发，猛烈地攻击那些儒士们。比如，他这样言辞激烈地反对音乐：“仁者为天下谋划，并不是为了悦其耳目，品尝美味，让身体感到安适。为满足自己的声色欲望而掠夺百姓的衣食财物，这是仁人所不为的。因此，墨子之所以反对音乐，不是因为钟、鼓、琴、瑟、竽、笙的声音不令人愉悦，不是因为雕刻、纹饰的色彩不美，不是因为炙烤的牛猪肉味道不鲜美，也不是因为居住在台榭深宅中觉得不安适。即使身体觉得安适，口舌

---

① 见《墨子》，卷九，《非儒·下》，原文是：“贪于饮食，惰于作务，陷于饥寒，危于冻馁，无以违之。是若人气，鼸鼠藏，而羝羊视，贲彘起。”

觉得甘美，眼睛感觉美好，耳朵感觉愉悦，然而上不合圣王旧制，下不合万民利益。所以墨子说：‘从事音乐活动是错误的！’”①

据说墨子可能是乐盲。作为回击，儒士们描绘了一个与墨子所言截然不同的孔子：他们眼中的孔子重视音乐和礼仪，不仅把它们看成是君子和平民都可以接受的重要文明工具，而且把它们看成是对穷困老弱者的安慰。如果没有华美的丝绸、美味的佳肴和丰富的色彩来打破日常生活的单调乏味，这个世界将会是一个了无生趣的地方。人类要满足的远远不只是简单的生理需要。

儒士们争辩说，墨子的学说令人厌恶，不仅因为它宣扬不孝，而且因为它所要求的是人们力所不能及的事：它要人们像爱自己的家人一样爱陌生人。更糟糕的是，墨子坚持认为鬼与神灵是存在的，他们对人类生活有着浓厚的兴趣，并且给人们

---

① 见《墨子》，卷九，《非乐·上》，原文是：“且夫仁者之为天下度也，非为其目之所美，耳之所乐，口之所甘，身体之所安，以此亏夺民衣食之财，仁者弗为也。是故子墨子之所以非乐者，并以大钟、鸣鼓、琴瑟、竽笙之声，以为不乐也；非以刻镂华文章之色，以为不美也；非以犓豢煎炙之味，以为不甘也；非以高台厚榭邃野之居，以为不安也。虽身知其安也，口知其甘也，目知其美也，耳知其乐也，然上考之不中圣王之事，下度之不中万民之利。是故子墨子曰：‘为乐，非也。’”

带来他们应得的好运或者厄运。这些论调听起来与人们当时已知的观点完全相反（墨子肯定，无神论者与不可知论者比那些有神论者犯罪更多）。可是尽管这样，别人还是反对墨子轻率的优越感，因为在一次演讲中他这样宣布："义是用来匡正人的。不能以下正上，必须以上正下。所以老百姓竭力做事，不得随心所欲，应该有士去匡正他们；士竭力做事，不得随心所欲，应该有将军、大夫匡正他们；将军、大夫竭力做事，不得随心所欲，应该有三公、诸侯去匡正他们；三公、诸侯竭力听政治国，也不得随心所欲，应该有天子匡正他们。"①

像很多保守主义者一样，墨子思想中融入了家长式作风和宗教观念。把"天"解释为"全知全能"的，墨子相信，就连像毫端这样微小的东西也是"上天"的创造。因此，一定是天"为王公侯伯，使之赏贤而罚暴……从事乎五谷丝麻，以为民衣食之财"。神一定在天上，世界的一切都被安排得井然有序。而与之相对照，孔子深深沉浸于他那个时代的礼仪和祭祀的生活规范中，显然十分讨厌装神弄鬼地谈论命运和超自然媒介在人类生活中的作用。当有人请孔子解释关于"禘祭"（只有天

① 见《墨子》，卷七，《天志·上》，原文是："是故庶人竭力从事，未得次已而为政，有士政之；士竭力从事，未得次已而为政，有将军、大夫政之；将军、大夫竭力从事，未得次已而为政，有三公、诸侯政之；三公、诸侯竭力听治，未得次已而为政，有天子政之。"

子才可以举行的祭祖仪式）时，据说他是这样回答的："我不知道啊！如果有人知道其说法的话，那么他对天下间的事务应该也是了如指掌吧！"孔子一边说，一边还指着自己的手掌。① 当孔子的一位门人问他什么是死亡，他冷冷地说："你很快就会知道的。"不过他还是尽量保持庄重的态度，又宣称，"如果一个人不能顺天命，就无法救赎自己"。

针对社会混乱无序的弊端，墨子的解决方案是社会等级秩序及其强制性惩罚措施，而孔子则强调通过加强自律来培养社会关系。尽管如此，墨子和孔子都认同，国君应该成为臣民的典范：如果国君树立了榜样，平民百姓一定会效仿。所以问题不在于一个国家能够鼓动它的百姓为了爱或者利益而去做什么，而是国君应该如何造福于他的百姓。

对于（像墨子这般）超凡的人物来说，坚持日常修养，似乎比兼爱天下更为困难。但是改革的过程从来都不是一帆风顺的，因为普通人在一段时间后就会感到精神低落。所以这次特定的辩论很清楚地有了定论，因为孔子意识到对美的渴望是自然的冲动，应该得到鼓励，而不是被压抑。而且他相信，不考虑人与人之间的关系，不考虑别人的行为而去"爱所有的人"，

---

① 见《论语·八佾》，原文是："或问禘之说，子曰：'不知也，知其说者之于天下也，其如示诸斯乎！'指其掌。"

对人的天性来说实在太不寻常了。

杨朱对孔子的评论

杨朱，魏国人，生活在战国初期，在墨子之后，孟子之前。虽然杨朱学说被认为是战国时代最有影响力的学说之一，但令人惊讶的是，除了知道他批评了儒家和墨家道德核心的哲学，以及杨朱的观点受到秦汉统治者某种程度的压制以外，原来我们对杨朱的思想所知甚少。杨朱学说看起来相对简单，早期文献用“杨朱贵生”来概括。《列子》中有一段杨朱说的话，正是对这个标语式概括的详细论述：“万物所不同的是生存，所相同的是死亡。人活着，就有贤有愚、有贵有贱，这是不同的；人死了，就会腐烂发臭，消失灭亡，这是众生所相同的……仁者圣人也是死，恶人愚人也是死。生时像尧舜那样的圣人，死了是一具腐骨；生时像桀纣那样的恶人，死了也是一具腐骨。腐骨是一样的，谁知道它们的差异呢？姑且注重今生，哪有工夫顾及死后？”①

---

① 见《列子·杨朱第七》，原文是“杨朱曰：‘万物所异者生也，所同者死也。生则有贤愚、贵贱，是所异也，死则有臭腐、消灭，是所同也……仁圣亦死，凶愚亦死。生则尧舜，死则腐骨……腐骨一矣，孰知其异？且趣当生，奚遑死后？’”

在上面这段话中，杨朱所谈到的四个观点十分重要：（1）死是生命的终点；（2）死对任何人都不偏袒；（3）传统的生之“福”，比如人们最贪恋的名声、财富、长寿、特权地位等，并不能给人们带来长久的利益，所以不应该去追求这些；（4）应该更热忱地去追求一生中能得到的简单快乐。在国家用来制造无畏勇士与无私臣民的残酷欺骗游戏中，死亡扮演着一个崇高的角色。在杨朱看来，只有当每个人为了预想的共同利益而最终拒绝牺牲自己或者别人的时候，这个世界才会达到良好的秩序，因为那样的话，就没有人对共同目标视而不见，反而去寻求短期利益。让儒士们感到震惊的是，杨朱所提倡的主要观点，简而言之，就是努力让自己不受损伤以保持纯真和完整，拒绝被抽象的理念和野心所诱惑。孔子的追随者们把杨朱学说歪曲为粗俗的自我中心主义，一种注定会削弱人们对自己家族成员和国君感恩之心的、自以为是的态度。这些儒士中最尖刻的人，谴责杨朱态度类似“禽兽”，而且比那些蛮夷之人还要更低级。

如果孔子活得够久，足以认识杨朱的话，他对杨朱的批评也许会大相径庭。孔子也许会反对杨朱所主张的“最高利益就是不惜一切代价保全自己的生命”，大概也会拒绝接受杨朱关于生死的粗俗“物质决定论”。杨朱认为人性是由各种能力组成的，这些能力很容易由于过度的贪欲、对个人健康的忽略，或者别人的暴力行为而受到损害和削弱。由于这些能力让人性在有生之年延续，对它们的损害必然会导致短寿。正如杨朱这样说道：

> 是故圣人之于声色滋味也，利于性则取之，害于性则舍之，此全性之道也。（《吕氏春秋·本生》）

最令人担忧的是失去“气”，一种成形的能量，被认为是生命与健康的本质。一个有力的论点是，即使从道德的角度来看，没有什么比保存身体的“气”更重要的了：

> 人之所以好富安乐、为人所称誉者，为身也；恶贫贱危辱，为人所谤毁者，亦为身也。然身何贵也？莫贵于气。人得气则生，失气则死。其气非金帛珠玉也，不可求于人也。非缯布五谷也，不可籴买而得也。在吾身耳，不可不慎也。《诗》曰：“既明且哲，以保其身。”（《韩诗外传》卷八）

因此，在杨朱看来，“事之可以之贫，可以之富者，其伤行者也；事之可以之生，可以之死者，其伤勇者也”。杨朱不见得是不道德的，他认为，为了物质的东西和稍纵即逝的感官享乐，而冒着身体受到伤害的危险，这是忘记了宝贵的生命是上天赐予的，我们永远不该轻视。按照杨朱的观点，我们每个人都会经历真正的情感，拥有丰富的感知，这些可能构成了生活最可靠的指南。我们对事物和人的占有欲反映了社会规范，占有欲越强，我们就越担心身体会受到损伤。然而人为的仪式与其他文化适应形式一起，对我们造成了很大伤害，以至于让我们远离了原来的自我本性。对社会规范的文化适应，甚至可以令人惊叹地改变我们对世界的认识，让我们为了荣誉或者利他主义而放弃我们的生活。上天——作为国家的对立存在，从来都不会要求我们做出这样的牺牲。

杨朱在试图为他的道德论援引恰当例子的时候，谈到了传说中的古公亶父——周部族的第一个首领。当周受到其他游牧民族入侵威胁的时候，亶父发现他无法忍受把臣民送上战场去杀伐。他认为，不管这些子孙或兄弟是他的臣民还是属于别国的，这并不重要。他带领他们离开了自己的领土，迁移到了岐山脚下。他无私的行为受到了广泛爱戴，臣民们纷纷随着他离开了祖祖辈辈居住的地方，迁移到了这块新的土地。另一位古代贤君尧，为杨朱提供了另一个典范，因为根据传闻，尧曾经试图把王位禅让给一个不是自己儿子的人，认为“我只把国家托付给不在乎王位的人才”（杨朱还告诉我们，尧可能的继承人拒绝接受王位，他所列举的原则明显与杨朱所宣扬的十分相似）。

根据杨朱的观点，任何懂得成本效益分析的人会很快看到那些真正“只为自己个人而行动”的人，最不可能损害自己和别人，因为他会寻求避免所有可能有害的行为。一个人需要估量什么东西可能招致麻烦，某一特定行动是否可能带来厄运，一个行动计划是否会损害一个人的生命。一个人为了拥有某一件东西而愿意做任何事情，不管其代价如何，那么这个人就一定会竭其所能，不顾一切地达到目的。但是，人们一定要认识到，“生命是目的，而天下只是赖以保养生命的凭借。只有分清目的和凭借，才能辨明二者的主次轻重。假如有这样一个人，为了换帽子而砍头，为了换衣服而杀身，世上的人一定为此而大惑不解。这是为什么呢？因为帽子是用来装扮头部的，衣服是用来打扮身体的，残毁头颅和身躯以求得作为装饰之物衣帽的完好，这就是根本不懂得什么是人生的目的”①。

杨朱还有一个极端的观点，他拒绝让身体损失哪怕一根毫毛，即使这根毫毛能够有利于整个世界。按照杨朱的逻辑，从人的身体上拔下一根毫毛，代表了走向危险道路的第一步：因为很快一个人也许会为了得到一块金子而削去身上的一块皮，

---

① 见《吕氏春秋·开春论第一》，原文是：“今有人于此，断首以易冠，杀身以易衣，世必惑之。是何也？冠所以饰首也，衣所以饰身也，〔今〕杀所饰〔而〕要所以饰，则不知所为矣。”

或者为了赢得一个国家而打断胳膊或腿。人的欲望是没有止境的，相应地，讨价还价、得寸进尺的交易也是无止境的，我们必须永远都不能忘记，完满的生命和完整的身体至高无价。因为人生短暂得就像白驹过隙，无论是谁，如果他不能得到“全生”之法，就不算是一个理解了“大道”的人。

一个针对杨朱观点的尖锐答复，在一本早期汉代故事书中通过孔子之口被恰当地说了出来。故事是这样的：有一次，哀公向孔夫子请教：“夫子，是聪明智慧的人比较长寿，还是仁慈厚道的人比较长寿呢?”孔子回答道：“是这样的。人有三种死法，都不是因为他的寿限到了，而是他自己折损的。第一种，起居无定时，饮食不节制，放纵劳累过度，使身体受到损伤，以致疾病夺去他的性命。第二种，居下位者冒犯君王，贪得无厌，索取无度，刑罚会夺去他的寿命。第三种，以少数人去冒犯多数人，以弱凌强，愤怒时不懂得克制自己，或者行动不自量力，他可能会丧于兵刃之下。像这三种情况都是死于非命，也是人咎由自取的。”①

---

① 见《说苑·杂言十五》，原文是：“哀公问于孔子曰：‘智者寿乎？仁者寿乎?’孔子对曰：‘然！人有三死，而非其命也，行己自取也。夫寝时不时，饮食不节，逸劳过度者，疾共杀之；居下位而上干其君，嗜欲无厌而求不止者，刑共杀之；以少犯众，以弱侮强，忿怒不类，动不量力者，兵共杀之。此三者，死非命也，人自取之。’”

这则故事并不只是简单地说明，像孔子一样知天命的人不会被欺骗，同时它也暗示了儒家的处世之道不会让人招祸。正如在《论语·为政》中所载，孔子清楚地辩明了一种不虚度人生的方法："多听别人说，没把握的话不说；有把握的话也要谨慎地说，这样就不会言多必失；多看别人做，有危险的事不做，没有危险的事也要谨慎去做，如果能这样，就很少有后悔的事。谨言慎行，少有后悔之事，这就是成功之道。"①

孔子进一步强调，如果一个人寻求安度一生，那么就需要道德背后的最本能冲动，一种代表人类关系的复杂情感："用庄重的态度对待百姓，他们就会尊敬你；对父母孝顺，对后辈慈祥，百姓就会尽忠于你；荐用良才，训练能力较弱的人，这就是对百姓最好的勉励，他们会善报你。"在孔子的眼里，自私地考虑自己的生活，可能实际上反而会减少其显达的机会。他说："出门见人，就像见贵宾一样的谦恭，使唤百姓如同举行重大的祭祀一样的慎重。自己不想要的，不要强加于别人。要做到在朝廷上没人怨恨自己，在家也没人怨恨自己。"②

正如孟子评论鲁之贤人子莫只知中道，不知权变，就和执

① 原文是："子曰：'多闻阙疑，慎言其余，则寡尤；多见阙殆，慎行其余，则寡悔。言寡尤，行寡悔，禄在其中矣。'"

② 见《论语·颜渊第十二》："出门如见大宾，使民如承大祭。己所不欲，勿施于人。在邦无怨，在家无怨。"

着于一点是一样的。孟子说："为什么厌恶执着于一点呢？因为它会损害真正的道，倘若只坚持一点，就会废弃了很多其他的方面。"① 杨朱已经忘记了，不管生命对人类利益多么重要，它并不是最重要的利益本身。

孔子曾经说过："朝闻道，夕死可矣。"

他还满怀慈悲地说道："〔无论是学习真知，还是追求道德修养〕，知道它的人不如喜好它的人，喜好它的人不如以它为乐的人。"② "喜欢仁道的人，认为仁道至高无上；厌恶不仁道的人，努力实践仁道，不使自己受到不仁道的人的影响。有能够一日之中竭尽全力实践仁道的人吗？我没见过想做而力不从心的，也许有这样的人，但我没见过。"③ "君子就连一顿饭的工夫也不会远离仁道，无论是匆忙紧迫的时候，还是遭遇挫折的时候都一定依照仁道而行。"④

---

① 见《孟子·尽心上》："所恶执一者，为其贼道也，举一而废百也。"

② 见《论语·雍也》："知之者不如好之者，好之者不如乐之者。"

③ 见《论语·里仁》："好仁者，无以尚之；恶不仁者，其为仁矣，不使不仁者加乎其身。有能一日用其力于仁矣乎？我未见力不足者。盖有之矣，我未之见也。"

④ 见《论语·里仁》："君子无终食之间违仁，造次必于是，颠沛必于是。"

韩非子对孔子的评价

韩非子（公元前280—前233年）是诸子百家中唯一出身贵族的大思想家。不过，他是当时处于其他诸侯国围攻的韩国公子。韩国的领土只占了原来强大晋国的一个零头，而且境内多山，物产贫瘠。作为一个被权臣家族势力所分裂的诸侯国公子，韩非子对朝廷派系争斗所招致的危险有着洞察一切的眼光。毫无疑问，他对很多战国晚期的不稳定盟约有着敏锐的察觉，他认为儒家之道妨碍了人类的文明进程——因而韩非子后来成为儒家不共戴天的对立者。但是，韩非子曾经一度师从荀子——当时最有名的孔子学说继承者。荀子在传统学问（包括文学、历史、音乐和礼仪）方面指导过韩非子。作为一位博学之士，韩非子本人也很仰慕别人的博学和礼节，但是他不愿意看到国君可能被这些学问分心，从而不能专注于军事与经世致用方面。因此在韩非子的著作里，他称赞教养、慈爱，赞同传统的责任观，认为这些都是个人生活中值得追求的目标。可是一旦涉及公共领域、国家施政和政策制定时，这些同样的美德便受到他彻底的轻视。他认为，一个人不应该失去大节，“如果为平民百姓考虑的话，没有什么比修养德行、实践仁义和学习文献经典更好了。修养德行和实践仁义，就会得到国君的信任；得到国君的信任，就能得到官职；学习文献经典就可以成为高明的老师；成了高明的老师就会荣耀而显赫。这是一个平民百姓所能期望的美事。但是，如果没有功劳就能得到官职，没有爵位也能荣耀显赫，一旦出现这样的政治情形，那么国家就一定会陷入混乱，国君也一定面临危险。所以，互不相容的事情，是不能并存的”①。

带着这样的声明，韩非子发动了对孔子学说的致命性攻击，虽然他并没有明确地提到孔子的名字。韩非子的时代已经是孔子死后的两个世纪之后，孔子已经达到了传奇性的地位。随着时间的流逝，孔子成为一位圣人。这意味着生前从未身居高官的孔子在死后比许多的君王更声名显赫。他的学说被认为比后来的游说者都更胜一筹。令人奇怪的是，传奇的孔子似乎可以令人信服地约束那个时代的统治者，使他们在实施新的统治策略以前考虑所有可能的后果。不仅如此，孔子的仰慕者们坚信，那些治理得最好的国家是由像他们一样效仿孔子的贤人所统治的。孔子的追随者们往往喜欢附会说自己继承了孔子的衣钵，以分享他的权威和荣耀。一般来说，劝谏的难点在于要了解被劝说者的想法，然后才能用适当的言辞来说服。所以对一个批

① 见《韩非子·五蠹第四十九》：“然则为匹夫计者，莫如修行义而习文学。行义修则见信，见信则受事；文学习则为明师，为明师则显荣。此匹夫之美也。然则无功而受事，无爵而显荣，为有政如此，则国必乱，主必危矣。故不相容之事，不两立也。”

评者来说，如果直言不讳地指责孔子，那么要想得到主上的恩遇就会难上加难，很难想象朝廷在这样的事情上会采取怎样的立场。因此，韩非子的一段篇首语包含了对孔子具有讽刺意味的赞扬："孔子，是天下的圣人。他修养德行、宣扬儒家之道而周游天下，天下之人喜爱他的仁爱思想，赞美他关于道义的说教，可是为他效劳的门人只有七十人。大概崇尚仁爱的人很少，能够实践道义的人也很难得啊。所以，纵使天下如此之大，能为他效劳的却只有七十人，而真正奉行仁义的，只有孔子一人。"①

韩非子承认，孔子是一个了不起的伟人。问题是，圣人不常有。因为不常有，所以他们才被尊称为"圣人"。因此，国君不会只是袖手旁观，等着圣人的出现而不去有所行动。韩非子讲了这样一则寓言故事：宋国有一个耕田的人，田里有棵树，有一天，一只兔子奔走中撞到树干上，折断了脖子而死。于是这位农夫就放下了锄头，守候在这棵树的旁边，希望能再有兔子撞死在树上。可是他再也没有得到撞死的兔子，而且还被宋

① 见《韩非子·五蠹第四十九》："仲尼，天下圣人也，修行明道以游海内，海内说其仁，美其义，而为服役者七十人。盖贵仁者寡，能义者难也。故以天下之大，而为服役者七十人，而仁义者一人。"

国人所嘲笑。①

韩非子揭示了这则故事的寓意：如果处于当今之世，却依然用先王的制度来统治天下，就像是守株待兔一样。在让国君听到这样的寓言而付之一笑后，韩非子也试图让他在笑后思考这样的问题：如果连像孔子这样的圣人都只能吸引到七十名弟子跟随他，那么，作为一名普通的国君，如何能够利用孔子的说教来吸引足够的拥护者，以成就其治理天下的大业？韩非子时代急速集权化的国家需要得到百万民众的支持来巩固政权，否则他们就没有足够的人来耕田和从军。国君最好不要徒劳地指望以德治来改革国家。韩非子想提醒统治者："现在天下忠贞可信之士不到十分之一，而国家需要的官吏达到数百人；如果一定要任用忠贞可信之人为官，那么合格的人就不够用了；如果没有足够的合格官吏，那么，政事治理得好的就很少，而政事治理得乱的就很多。"②

韩非子认为，儒家的理想无法实现，因为极少有这样完美的人能用儒家治世的理念来统治国家。如果有人认为国家需要任用像孔子这样的圣人，那么他们是设定了太高的标准。只要

① 见《韩非子·五蠹第四十九》："宋人有耕者，田中有株，兔走触株，折颈而死，因释其耒而守株，冀复得兔，兔不可复得而身为宋国笑。"

② 见《韩非子·五蠹》："今贞信之士不盈于十，而境内之官以百数，必任贞信之士，则人不足官，人不足官则治者寡而乱者众矣。"

把国家治理得卓有成效就足够了，也许每隔千年左右，才会有治世的出现。韩非子这样批评那些不识时务的劝谏者：“当今有学者游说君主，不是劝说君主乘着取胜的形势，一统天下，却宣扬施行仁义才可以称王，这等于是在要求君主一定要达到像孔子那样的圣人境界，而且要求全天下百姓都要像孔子门人那样。这必然是办不到的啊！”①

韩非子不止一次地提到，简单易行而又可以预见的治国之法必须由谋臣向国君劝谏，在下文我们还会看到韩非子类似的重复话语。在对孔子发动最致命的一击，来损害其声望与权威以前，韩非子用两则有趣的逸事简单地辨明了听从孔子之道所可能导致的危险。第一则逸事，韩非子引用了《论语·子路第十八》所记载的叶公与孔子讨论如何看待儿子对待父亲偷羊的故事。叶公告诉孔子说，他们那里有一个十分正直的人，他的父亲偷了别人的羊，他如实地揭发了父亲。统治者很高兴看到臣民中有这样守法的人。而孔子却有不同的看法：在听到这个故事后，他严厉地批评说：“我们那里正直的人与你所说的很不一样。如果这样的事情发生了，父亲会为儿子隐瞒，儿子也

---

① 见《韩非子·五蠹》：“今学者之说人主也，不乘必胜之势，而务行仁义则可以王，是求人主之必及仲尼，而以世之凡民皆如列徒，此必不得之数也。”

会为父亲隐瞒，这才是正确的行为。”在举了这个例子后，韩非子告诉我们这个故事的结局（在《论语·子路第十八》中并没有提到）：虽然那位叶公所说正直之人的行为显示了对国家的忠诚，可是主管的地方官根据本地风俗，认为这样的儿子十分卑鄙，所以草率地判了他死罪。韩非子的结论是：把对父亲的孝顺置于对国君的忠诚之上，就是走向忽视和原谅各种犯罪之错误道路的第一步。这会对社会秩序造成可怕的后果。因此按照儒家的原则行事，将会颠覆法律中视为神圣的正义原则。

另一则逸事同样是对孔子的尖锐批评。一位鲁国的士兵三次从战场上逃走，因为他是年迈的父母亲唯一的依靠。孔子为他辩解，赞扬了他的孝道，并且举荐他得到升迁。与之相对照，韩非子对这种临阵脱逃的行径感到震惊。很明显，对他来说，公共职责和个人道德之间是不可调和的。“今以为同利者，不察之患也。”韩非子说，人的本质是自私的，所以他们自然会努力为自己和家人、朋友、同盟者谋求私利。同时，公共福利要求个人为实现国家财富、权力和良好秩序的最大化做出贡献，而不考虑他们个人及其家庭。侵害国家利益，将会使所有人的生命和生活受到威胁。没有任何人可以例外，也没有任何人可以被豁免，否则就不可能取得完全的胜利。

韩非子虽然有时候很不情愿地承认孔子是一个圣人，但是他最后的结论是，孔子并不是圣人，特别是考虑到孔子在选择自己门人的判断上所犯的诸多严重错误之后。澹台子羽就是其中的一个例子。一开始，孔子认为他是一个完美的君子，所以很欢迎子羽加入他的门下，直到有一天孔子才意识到自己的过失。另一个例子是宰予。孔子自己也承认，他的门人宰予善于雄辩，但是不切实际，而且懒惰。韩非子辩论说，如果今天的国君并不比孔子更有眼光，谋士们像宰予一样言辞虚浮、华而不实，国君如何能对重大事情做出正确的判断呢?

为了回答这个问题，韩非子引用了流传已久的神话，虽然神话的内容是关于古代，但是很能反映当时的现实困境：

> 上古之世，人民少而禽兽众，人民不胜禽兽虫蛇。有圣人作，构木为巢以避群害，而民说之，使王天下，号曰“有巢氏”。民食果蓏蚌蛤，腥臊恶臭而伤害腹胃，民多疾病。有圣人作，钻燧取火以化腥臊，而民说之，使王天下，号之曰“燧人氏”。中古之世，天下大水，而鲧、禹决渎。(《韩非子·王蠹第四十九》)

在列举了这些古代贤君的圣德之后，韩非子以挖苦的语气谈到那些后来的统治者也试图模仿他们，却沦为天下笑柄。由此，韩非子总结说，圣人并不遵循古法或者旧制度来治理天下，而是根据现实情况采取各种必要的措施，来满足人民最急切的需要。“是以圣人不期修古，不法常可，论世之事，因为之备。”他认为，为了当世人们得到最终的和平与繁荣，统治者必须派遣人民去征服和消灭敌族。

根据他对人类历史的看法，韩非子发现了他所认为的一个不变模式。首先，统治的延续性并不能保证长治久安，因为世界是在不断变化的。其次，只有当关系民生的普遍性问题得到解决后，人们的生活条件才能真正得到改善。再次，国家的出现起源于百姓需要服从任何能够帮助他们解除痛苦的人。圣王以满足百姓的实际需要为准则来制定政策，他们从来没有想过，当世的政治革新会是将来的范例。同样地，韩非子又提出了另一个关键性的论点：越是年代久远的古代，人口越少，食物、土地和资源相对就越多。他相信自己所处的时代，人口已经远远超出了可供资源的限度。他说：“古时候，男子不需耕种，草木的果实就足够食用了；妇女不需纺织，禽兽的毛皮就足够穿着了。不需要费力就能有充足的供应，人口少，财物有多余，所以人民不会发生争斗。因此，不需要丰厚的奖赏，不采用严厉的责罚，人民可以过得自足安定。现在一个人有五个儿子不算多，每个儿子又有五个儿子，这样祖父没死就有了二十五个孙子。因此人口多而财物少，辛苦劳作却只能得到很少的供养品，所以人民发生争斗。即使加倍奖赏和加重责罚，国家还是不能避免陷入混乱。”①

根据韩非子的判断，当今之世每况愈下。世易时移，但是没有新的、具有革新精神的圣人出现，来减轻百姓很久以来所承受的不幸。随着开启一个新的黄金时代所必需的物质资源越来越稀少甚至消失，人们必须接受零增长的方式，来幸存于当今之世。因此，儒家的仁爱之道虽然在很久以前曾经有过辉煌的时代，但是到了当今之世则显得徒劳无益。

那么国家如何维持长治久安，统治者应该怎样做才能赢得百姓的衷心爱戴呢？韩非子相信他知道正确的答案，那就是“法律”。中原在公元前8世纪经历了一系列革新之后，有一两个国家开始有了制定的法律，法规的首次颁布只是发生在韩非子之前的一个世纪。韩非子所主张的法律提供了一个单一的标准，任何人、事物或者事件如果违反了法律，将会得到应有的惩罚。此外，法律容许统治者保留凌驾于法律之上的特权。有争议的是，法律也允许民众“自行其是”。当好的法律切合实际的时候，人们自己的行为会给他们带来不同的赏罚。根据韩

---

① 见《韩非子·五蠹第四十九》：“古者丈夫不耕，草木之实足食也；妇人不织，禽兽之皮足衣也。不事力而养足，人民少而财有余，故民不争。是以厚赏不行，重罚不用，而民自治。今人有五子不为多，子又有五子，大父未死而有二十五孙。是以人民众而货财寡，事力劳而供养薄，故民争。虽倍赏累罚而不免于乱。”

非子的逻辑，如果好的法律令当世受益良多，那么建立这样法律制度的前代统治者将会被认为是他们时代最伟大的圣王。可是，为什么百姓憎恨法律，害怕施行法律的国君呢？为什么不颂扬这些立法者呢？

百姓此前并不认为立法者是他们的救世主，原因很简单：没有统治者把法律作为唯一的正义裁决者，没有统治者让百姓对法律的应用有清楚的了解和信任。统治者很不情愿让法律的权威超越王权之上，他们害怕失去自己的统治地位。社会也持有那么多相反的或者矛盾的价值观，它们都是以前旧观念的变种，以致法律从来无法在统治者及其利益代表者手中得到公正的实施。特例往往成为正常的规范，关于法律独断性的普遍看法更让人混乱。最后，百姓总是对行使权力和统治国家所知甚少，对此，他们就像婴儿一样，韩非子用下面这段话做了生动的譬喻："民众的见识就像婴儿的心智一样。婴儿不剃头就会肚痛，不破疮就逐渐加重；要给婴儿剃头和破疮，就必须由一个人抱着，由慈母给他处理；即使这样婴儿还会哭喊不止，因为婴儿并不知道使他吃点小苦会带来大的好处。"①

① 见《韩非子·显学》："民智之不可用，犹婴儿之心也。夫婴儿不剔首则腹痛，不揊痤则寖益，剔首、揊痤必一人抱之，慈母治之，然犹啼呼不止，婴儿子不知犯其所小苦致其所大利也。"

百姓只想不受拘束地谋求自己的私人利益。很少意识到自己的好胜冲动如果不受到约束，将会威胁到他们的生命和生活所赖以生存的整个国家政权。百姓从来不想参军打仗，一旦被征召入伍，他们在战场上也是贪生怕死。除非法律明确规定，赏勇罚怯。统治者不应该以其短视来治理天下。

由于上述原因，法律的无所不在是可以肯定的，违反法律的后果也是很快就会应验的。韩非子引证了至少四个消极的原因，来说明统治者只有采用公正的法律作为治理天下的最新和最佳辅助手段，除此以外，没有别的选择：(1) 父母—子女关系不适用于国君—臣民关系；(2) 任何会使本已稀少的资源减少，妨碍国富民强的做法都是不好的；(3) 任何让统治者犹豫不决的建议都是不好的，因为它让统治者看起来优柔寡断，随时会成为内外攻击的牺牲品；(4) 没有谋士值得信赖，因为他们越是高谈阔论，其言辞就越是具有欺骗性，为他们个人谋求私利。当他们被要求对特定的政策措施权衡轻重时，雄辩的谋士们会提出很多先例和警示，以致国君们觉得不知所措、慌乱不安，同时又被想象中可能的机会所打动。

韩非子解释说，治理国家的完美境界就是不让臣下利用主上，不要让任何人富裕到可以反对国君；不要让任何人尊贵到成为国君的威胁；也不要专门宠信一个人以致丧国。他坚持认为，如果国君要想保持自己的权威，必须要具有至高无上的专断权力。他还说：“人主之患在于信人；信人，则制于人。”①很明显，每个人都有自己的打算（除了韩非子）。想一想孔子与几位中原国君的面谈，都是无济于事。那些盲目模仿孔子的人都只是些寄生虫，用国家的资源来填饱自己的私欲。像其他的“蠹虫”（韩非子把不能忠诚专事一君的纵横家也列入其中；其他还有游侠，剥削农人的商人，还有为特权阶层生产奢侈品的工匠），孔子和墨子的追随者们到处游历，企望能有恩主愚蠢到愿意向他们提供施舍。有了锦衣华盖，他们就能“免于劳役之苦”，并得到荣华富贵。应该按照他们本来的身份来对待他们：无用的臣民，与陪葬的木偶和泥偶无异，都会陪伴那些墓葬的主人生活在另一个世界。

韩非子是这样来批评辩士的：“他们只推崇文章学术，务为空谈，不用付出耕种的辛劳就可以享受富贵，不用冒着打仗的危险就可以得到尊贵的官位，那么有谁不想这样做呢？所以就会出现这样的状况：一百个人空谈而不做事，只有一个人真正出力干活。空谈的人多了，法治就要被破坏；做事的人少了，国家就会贫穷。这就是天下会乱的原因。”②

---

① 见《韩非子·备内第十七》。

② 见《韩非子·五蠹第四十九》：“今修文学，习言谈，则无耕之劳而有富之实，无战之危而有贵之尊，则人孰不为也？是以百人事智而一人用力。事智者众，则法败；用力者寡，则国贫。此世之所以乱也。”

像当今许多责备人文学科“无用”的人一样，韩非子坚持认为，供养那些无所事事的文人，对任何国家来说都是不能承受的奢侈之事。对于这样的观点，其实孔子已经在《论语》里做了回应。看到自己不切实际的德治理想受到嘲弄，孔子反驳说：“能以礼仪为国乎，何有?”意思是，这种以礼让来治国的方式如果成功（可是居然没有人有胆识来试行），将显而易见地比用强力和刑罚来统治要优越得多。面对一个认为利用权宜之计比美德更明智的人，孔子回应说，一切按利益行事的人，人人都厌恶。① 国君应该认识到，如果他把自身利益置于一切之上，那么他“好勇疾贫”的臣民会接受同样的价值观，使国家发生动乱。“人之生也直，罔之生也幸而免。”孔子应该不会对韩非子被秦王嬴政以谋反罪入狱并死于狱中而感到奇怪，这位暴君并不相信韩非子会出卖自己的国家——韩国。

庄子对孔子的评价

在评论孔子的批评家中，庄子应该是最委婉含蓄的一位，他的批评充满了敬慕，甚至温情。对庄子的生平，我们毫无所

---

① 见《论语·里仁》，原文是：“放于利而行，多怨。”

知——虽然有人说他是战国时代宋国人。在传说中孔子的远祖也同样是宋国人（在中国的古典时代，宋国和宋国人常常被当作笑柄，“宋人”几乎总是以乡巴佬的形象出现在寓言故事中）。庄子往往将孔子作为代言人，比如在他著名的《庄子·人间世》中，记录了一段颜回与孔子的对话。颜回告诉孔子，他要到卫国去。孔子问他到卫国做什么。颜回回答说：“听说卫国的国君正年轻，行事专断，轻率地处理政事，却看不到自己的过失；轻率地役使百姓，使他们不堪重负而死，死者不计其数，就像大泽中的草芥一样，百姓无处可以安身。我曾听老师说过，‘治理得好的国家可以离开它，治理得不好的国家却要到那里去，就好像医生门前多病人一样’。我希望根据老师的教诲思考治理卫国的办法，卫国也许还可以恢复元气吧！”①

孔子听了以后却很担心颜回到卫国会遭到杀身之祸。他对颜回说，“古时候的圣人，总是先使自己的德行得到修养，然后才去扶助他人。现在你的道德修养还没有建树，如何能有余暇去指责别人的行为？”接着，孔子又指出，道德的败坏

① 见《庄子·人间世》，原文是：“回闻卫君，其年壮，其行独，轻用其国，而不见其过；轻用民死，死者以国量乎泽若蕉，民其无如矣。回尝闻之夫子曰：‘治国去之，乱国就之，医门多疾。’愿以所闻思其则，庶几其国有瘳乎！”

在于追求名声，智慧的表露在于争辩是非。如果勉强用仁义和规范之言来规劝于人，这就好比用别人的丑行来显示自己的美德。这样的做法可以说是害人。害人的人一定会被别人所害。孔子又进一步说，“假如说卫君真的是喜好贤人而讨厌恶人，那么，哪里还需要等你去了以后才有所改变？你即使真到卫国去，也不能向卫君进言，否则他一定会很快抓住机会和你争辩。名声和利益，就是圣人也不可能超越，何况是你呢？”①

听了孔子的这番话后，颜回依然犹豫不决。他又接着问孔子如果他以严肃、勤勉的态度到卫国去，是否就可以了。孔子则断然否决了。于是颜回又问，如果他努力向古代贤人学习并成为同类，是否可以成功？孔子听到后，又同样表达了坚决的否定态度。最后，在师生之间一系列问答之后，颜回向孔子求教到底该如何做才能符合孔子的要求，孔子建议说，只有“心斋”，才能达到修养的最高境界。他耐心地向颜回解释说，“你

---

① 见《庄子·人间世》，原文是：“仲尼曰，‘嘻，若殆往而刑耳！……古之至人，先存诸己而后存诸人。所存于己者未定，何暇至于暴人之所行！且若亦知夫德之所荡而知之所为出乎哉？德荡乎名，知出乎争。……而强以仁义绳墨之言术暴人之前者，是以人恶有其美也，命之曰菑人。菑人者，人必反菑之……且苟为悦贤而恶不肖，恶用而求有以异？若唯无诏，王公必将乘人而斗其捷。……名实者，圣人之所不能胜也，而况若乎！’”

必须摒除杂念，努力为之，这是很不容易的事。耳朵的功用只是在于聆听，心的功用只是在于跟外物的契合，而气才能顺应宇宙万物，达到凝寂虚无的状态。只有凝寂虚无的状态才能汇集大道。这样凝寂虚无的心境就叫作‘心斋’”①。

热情地等待，看着人生展现无数的奇迹，不管一个人的命运如何，对生命的过程始终保持好奇心，而不是怀有仇恨——那不仅是庄子向我们极力主张的，也是孔子在说“乐天知命”的时候所强调的。

在《庄子·人间世》中另一个广为人知的段落里，庄子借由孔子之口说出了自己的观点。孔子说：“天下有两大戒：一是天命，一是道义。儿女敬爱父母，这是自然的天性，无法从内心解除；臣子侍奉国君，是臣子应尽的道义，无论哪里都会有国君的统治，这是无法逃避的现实。这就叫作大戒。所以侍奉父母的人，无论生活在什么样的环境下都要使父母安适，这就是尽孝的最高表现；侍奉国君的人，无论办什么样的事都要让国君放心，这是尽忠的极点。注重自我修养的人，无论是悲哀还是欢乐都不容易使他受到影响，知道世事难料而能安然处

---

① 原文是：“仲尼曰：‘斋，吾将语若！有心而为之，其易邪？……’……听止于耳，心止于符。气也者，虚而待物者也。唯道集虚，虚者，心斋也。”

之，顺应自然，这就是道德修养的最高境界。”①

生活在后弗洛伊德时代，我们当然知道不是所有的孩子都爱他们的父母，墨子和韩非子也意识到这点。即使如此，上面的段落如果稍做修改依然很有意义。所有的子女，即使他们不能爱自己的父母，也至少要为他们牵挂操心。他们命定要这样做。我们都必须生活在这样或那样的社会，我们的行动受到正当的或者不正当的限制。关于这一段话，有趣的是，《论语》中的孔子并没有把孝道与忠诚等同于“至德”（认为儒家的伦理道德要求子女盲目顺从父母完全是谎言）。《庄子》中关于美德的褒奖，与《论语》的很多章节相呼应。比如“为人臣子者，固有所不得已，行事之情而忘乎身，何暇至于悦生而恶死？夫子其行可矣！”也就是说，做所需要做的事情，并顺其自然，就能得到莫大的快乐。

按照孔子的话，在得意的时候，我们都知道：“死去、活着、存在、灭亡，困窘、显达、贫穷、富贵，贤能与不肖，诋毁与称誉，饥饿、干渴、寒冷、暑热，这些都是事物的变化，

---

① 原文是：“仲尼曰：‘天下有大戒二：其一，命也；其一，义也。子之爱亲，命也，不可解于心；臣之事君，义也，无适而非君也，无所逃于天地之间。是之谓大戒。是以夫事其亲者，不择地而安之，孝之至也；夫事其君者，不择事而安之，忠之盛也；自事其心者，哀乐不易施乎前，知其不可奈何而安之若命，德之至也。’”

都是自然规律的运行；日夜在人们眼前更替，而人的智慧却不能窥见它们的起始。因此世间万物的变化都不足以搅乱本性的和谐，也不足以侵扰人们的心灵。要使心灵和谐安定，通畅而不失愉悦，日夜不间断，使自己与万物共处在像春天一样的和乐之中，这样，就可以接触外物而产生顺应四时的感受，这样才称得上是才智完备。”①

在这样人生得意的日子里，我们可以想象孔子与他的一群学生和朋友去“浴乎沂，风乎舞雩”，享受大好的春光和轻松的社交活动。毕竟，到处指责别人不如大笑，快意大笑不如随着自然的安排，安于自然的安排就会进入超脱的境界，继而进入寂寥虚空的自然而浑然成为一体。②

可是，在失意的日子里，正如《庄子》里其他那些充满嘲讽意味的章节所表达的，孔子的眼光并不能看到这样崇高的“浑然一体”。在《庄子》里，孔子是位可敬的人，但是他的想象力被惯例与野心所折损（在《论语》里孔子感慨地说，他没

---

① 见《庄子·内篇·德充符第五》：“死生、存亡，穷达、贫富，贤与不肖、毁誉，饥渴、寒暑，是事之变，命之行也；日夜相代乎前，而知不能规乎其始者也。故不足以滑和，不可入于灵府。使之和豫，通而不失于兑；使日夜无郤而与物为春，是接而生时于心者也。是之谓才全。”

② 见《庄子·内篇·大宗师》：“造适不及笑，献笑不及排，安排而去化，乃入于寥天一。”

有学生颜回身上所具有的似乎天然的美德)。洞察了这一切，一个真正的圣人“审乎无假而不与物迁，命物之化而守其宗也”，这样的“宗”就是关于“万物归一”的深刻见解。圣人们做“逍遥游”，而像孔子这样的人只能在有限范围内遨游，他自己也有自知之明。孔子在失意的时候，发现要记住“名利如浮云”和“不知老之将至”是很困难的。在他最彷徨消沉的时候，孔子陷入对外在事物的执着，结果他无法看到更远大的图景。至少孔子承认，他既不是“畸人”(不同于世俗而又能与天道相通的人)，也不是“与天为徒”(与自然为伴)的人。

尽管这样，庄子对孔子最主要的不满是，孔子所热衷的礼仪是虚而不实的。礼仪有着与语言同样的作用，它们都是通过特定的仪态、服饰和修辞套语来表达意义的。庄子提出这样的问题：是否人们不可能用更简单的方式来进行更有效的交流？孔子和他最有名的拥护者承认，礼仪在初始的时候有一些人为的成分，但是他们接着辩解说，人类社会最好的部分都有人为的成分，这些曾经高度人为的实践很快成为“第二自然”(就像那些学过一门外语的人，掌握一门专业学科的人，或者弹奏一种乐器的人所知道的)。所有社会关系的形式和潜在可能性应该要了解，所有人类的进步要求有一个不变的中心、一个规律性和一个愿望来使平凡的现实超凡脱俗。如果“虚假的行为”（儒家把它当作“文雅的行为”）是处于所有文明进程的中心地位（甚至包括语言与仪态本身），那么，人类的使命一定不是抛弃所有反证的例子，而是考虑什么样的改良最有利于建立让所有人都能“各得其所”，并享有尊严感和自我价值感的社会秩序。

王充对孔子的评论

孔子在汉代被神化以后（有关的论述详见第三章），对他的批评持续了漫长的数世纪。东汉的唯物主义思想家王充对孔子的攻击看起来大体上是针对他的同时代人——他们在讲授托名孔子所编撰的“五经”时，自以为是地宣称自己是该领域的权威。王充对孔子的批评集中到以下的五点：（1）“五经”著作也像其他书籍一样不乏错误，所以他们不应该被视为完美的经典；（2）当孔子与他的学生谈话的时候，他并不能谨慎地阐明他的很多观点；（3）孔子常常自相矛盾，但是好的老师应该给学生相对一致的教导；（4）孔子所选定的门人对学习儒家之道并没有显示出特别的才能，或者从孔子训导他们致力于追求儒家之道方面来看，孔子并不是一位能激励人心的老师；（5）孔子没有适当的教育模式，他也没有督促学生表明他们自己对儒家伦理道德或者现实事务的真实想法。

为了说明他的第二个观点，王充引用了《论语》中的一段有名的话，在这段话里孔子的门人孟懿子问孔子什么是孝道。孔子回答说，“无违”。像其他的读者一样，孟懿子猜想孔子的意思是，“永远不要违背自己的父母”。在另一个场合，樊迟为孔子驾车，他就向孔子请教关于他和孟懿子的那段对话，最后，孔子终于道出了“无违”的意思：“生，事之以礼；死，葬之以礼，祭之以礼。”① 很明显，“无违”的意思是“不违背礼法”，而不是“总是顺从父母”。王充很确定地得出结论，如果樊迟从来没有问过孔子，那么十有八九孔子永远不会解释他的话是什么意思。王充也许会说，孔子对他最不出众的学生做这样粗略的教导，这样的做法有违周公所告诫的“对才能小的人说得详尽，对才能大的人说得简略”的格言。②

许多东方和西方的读者认为，到王充在东汉中期著书立说的时候，孔子已经成为历史上最重要的先师和思想家了。但是，这个假设是非常错误的。事实并非如此。毕竟，任何深入思考的人都会忍不住想知道，为什么孔子在他一生中作为政治谋士是那样无能。在他的说教中是否有一个基本的缺陷，使得它对

① 见《论语·为政第二》：“孟懿子问孝。子曰：无违。樊迟御，子告之曰：孟孙问孝于我，我对曰无违。樊迟曰：何谓也？子曰：生，事之以礼；死，葬之以礼，祭之以礼。”

② 见《论衡·问孔篇》的“告小才敕，大材略”之语。

门外汉没有吸引力，或者无法付诸实践？若果真如此，那个缺陷能否被修复，这样更多的人就会接受《论语》中所传达的智慧——其大意与其他文化的早期智慧类书籍中蕴含的至理名言也无大不同，即使《论语》更多关注于政治制度和政治失败。那么，这位至圣先师并没有强调他所预期要表达的思想，除了谈到家庭和国家所要求的传统的尽忠爱国。孔子在《论语》里教导人们，“孝”是自我修养过程的“根本”（即基础或第一步）。他只能让人们相信的是，实践了这样的第一步后，他们就会发现生活更加有意义，而且越长时间坚持行善，就越会对自己的生活感到满足。没有流传下来的逸事可以证明孔子的说法是正确的，有时候，就连孔子本人似乎对自己的想法也感到失望。

与现代的评价相反，在汉代王充的《论衡》并没有赢得特别的赞誉。《论衡》被认为是部充满诡辩之辞和一系列论争的作品，作者以此来炫耀其修辞技巧，或者只是单纯地想自得其乐。但是王充并不是沉默之辈。他知道，对孔子（还有孟子）做出一些激烈的攻击很可能有助于令本地和京城地区的精英们记住他。当关于某个人的一切已经知无不言、言无不尽了，那么对任何想要在政治或文化阶层中引起轰动的人来说，再次谈论他就会有事半功倍的效果。而且，文化标志性人物更容易作为攻击的对象。没有一个人可以没有矛盾地活着或者思考着，一个人的形象越是圆满，那些矛盾就越是显而易见，尤其是对那些生活在不同时代和变化了的环境下的人来说。再加上要在写作的时候把握住师生或者朋友之间亲密关系的特殊分寸是很困难的，而王充几乎做得恰如其分。因此，在孔子死后漫长的数世纪后，甚至到今天，想通过对孔子评头论足而哗众取宠的人一直络绎不绝。

1936 年，《半月剧刊》刊登了一篇文章，其中记录了在北京天桥地区两位相声演员语带双关的对话：

甲：中国自何时起才有鸦片烟？

乙：三代之前，虞舜时代就有鸦片了。

甲：有何考证？

乙：四书上说："大舜又大焉。"①（焉烟同音）大烟不就是鸦片吗……

甲：古人除大舜之外，还有吸鸦片的吗？

乙：文王孔子都吸鸦片。孟子还有贩卖烟土的嫌疑呢。

甲：你这话未免诬蔑圣人了。

乙：你少读书无见识……孔子他曾自己对门人说："二三

---

① 见《孟子·公孙丑上》。

子以我为隐乎？吾无隐乎尔。”①（隐瘾同音）如果不吸鸦片，怎能谈到有瘾无瘾呢？②

在这段谐谑的对话中，鸦片成为关注的事物，这与清代特定的历史现实是分不开的。但是把这种相声对话与前现代的娱乐传统联系起来，就产生了一个完全不同的见解：对经典语句的不敬语气和漫画式误解，是未中断的诙谐或讽刺剧传统的一部分，它可以追溯到中世纪以前③，王充的批评就属于该传统。人们都有推倒偶像的倾向，除非他们是某种类型的“真正信仰者”。对孔子不敬的记事可以让我们认识到对权力的渴望所招致的陷阱和危险，也让我们意识到自己的期望和想象力的限制。

很多人把世界看成是理性与情感之间史诗般斗争的舞台，或者像有些人所说的那样，是启蒙运动（相信可以破除迷信的世界）与浪漫主义（相信世界可以重新变得迷人，人成为自己

① 见《论语·述而第七》。

② 苍生：《相声者的幽默》，《半月剧刊》，1936年第1卷第5期，第19页。

③ 关于这方面内容的详细讨论，请参看以下文章：Yuming He，“Talking Back to the Master：Play and Subversion in Entertainment Uses of the Analects，” in Michael Nylan ed. The Analects（New York：W. W. Norton & Company，2014）.

命运的主人)。没有任何其中一种原动力能够完全自足，因为我们并不确定理性之光是否总是能够驱散疑惑，或者是，如果我们充实地度过一生，是否就足以使我们免于烦恼和困境。孔子在这样的两者之间首鼠两端，并在与人类交流的沉思和实践中发现了很多的乐趣，他也一直反对将人“物化”，当作达到目的的工具。与他的批评者相比，孔子说教的一个显著特征在于它对人类价值和理性的持续吸引力，这种吸引力被他的学生所证实，最具说服力。

每一个关于孔子的批评都指责这位圣人太没有想象力，太囿于传统，太过于守旧，或者太容易妥协。比如在接舆的眼里，孔子有可能成为高飞的凤凰，但是他的德行衰落了，因为他把自己无尽地陷于一个堕落的世界。不过，从另外一个角度来看，孔子曾经的确是一只凤凰，这个传说中的精灵从被击败的灰烬之中飞腾而上，来劝说世人日常生活中存在的现世美德。与此同时，也把他们从那些令人畏惧的、失控的、缓慢的像铅一样沉重的传统中解放出来。

下一章中的故事，就是关于孔子如何获得令人惊奇的成功的。

推荐阅读书目

1. 把孔子描述为幽默的人，是以下这篇文章：Christoph Harbsmeier，“Confucius Ridens，” *Harvard Journal of Asiatic Studies* 50，No. 1（June 1990）：131—161.

2. Arthur Waley，*Three Ways of Thought in Ancient China*（New York：Doubleday Anchor，1956）.

3. 李零：《丧家狗：我读〈论语〉》，太原：山西人民出版社，2007 年版。

第三章

孔子：素王

戴梅可

春秋经世先王之志，圣人议而不辩。

——《庄子·齐物论》

孔子匹夫耳，而然名著，至其冢墓，高者牛羊鸡豚而祭之，下及酒脯寒具，致敬而去。

——桓谭《新论·启寤第七》

如果孔子是这样一位圣人：他高明的说教由于那些批评者的攻击而更加令人瞩目，那么，为什么他穷其一生都不能得到众多拥护者并成为一名圣王？毕竟，根据古代传说，具有这样无比的智慧和仁爱之心的人都会顺理成章地跻身于权力的最高位置。而且按照传说，一位救世主也注定会出现在孔子的时代，因为那个时候距离周文王时代已经过去了五百年。① 到底是什么地方出了错？一种通行的理论认为，孔子没有土地，因而他杰出的才能缺乏了物质基础和适用范围。另外一些人认为，孔子生不逢时，也没有高贵的血统。还有人相信，孔子是高贵精神的典型，却注定要被迫接受残酷的命运。也有人不无遗憾地认为，孔子被卑鄙小人造谣中伤，因而不能达到他所应当得到的地位。很明显，早期中国的思想家们感到，如果任人唯德的古代理论在孔子身上无法应验的话，他们就必须给出某种解释。

在汉代，每一个对孔子形象的描述都含蓄地或者明白地讨论了这个问题。也许因为在出身草莽、身无片土的一介平民刘邦成为汉帝国的开创者后，社会开始重视对人才的道德考量。本章将依次对两汉之际关于孔子的评论进行探讨，在这些评论中，一无所有的圣人在看似绝望的心境下通过写作构想了一个理想国，在那里他成为无可争议的权威。孔子带着对自己不能身居王侯公卿之列的不甘走进了坟墓。如果他能用某种方式预见到近三个世纪后汉王朝的胜利，并且知道自己成为实际上的

---

① 《孟子·公孙丑下》有言："五百年必有王者兴……"又《孟子·尽心下》："由尧舜至于汤，五百有余岁……由汤至于文王，五百有余岁……由文王至于孔子，五百有余岁。"另《史记·太史公自序》也提道："自周公卒五百岁而有孔子，孔子卒后至于今五百岁。有能绍明世，正易传，继春秋……"

“素王”，或者王位背后的权力拥有者，伴随着每一位汉代皇帝而施加其影响，那么他会认为世界对他是公平的。因此，在丰富的汉代文学中，有关孔子的作品把他描述成预言了数世纪后汉王朝胜利的蓝图设计者。孔子家门缺乏显赫的祖先和德高望重的后代子孙，到汉代末年，这一遗憾终于在他死后得到弥补：孔子被封为星宿之一，孔子的后人在西汉末年第一次得到贵族的封号。

正如前面所提到的，在汉王朝成立前夕，公元前3世纪初，我们并不确定孔子的多重形象能否减轻“失败者”标签给他带来的耻辱。在公元前200年，没有人能够预见到孔子会成为中国历史上最著名的人物，甚至被神化。孔子最终的胜利也许可以归结于其传奇人生对社会内部不同阶层所带来的直接吸引力。这些不同社会阶层共同把孔子的名声提到了前所未有的高度。也许还有一个原因是，曾经用暴力和高压手段来统一天下的秦朝，在其第一个皇帝秦始皇死于公元前210年的数月后就崩溃了。如此庞大的帝国在如此短暂的时间内就灭亡，这一事实证明：一个混合了直接和间接控制的制度，一个由诸侯分封制和自由经济所共同构成、能够给予臣民更多自主权的制度，在面对内部和外部压力的时候，可能会增加一个王朝幸存的机会。孔子，作为一位先秦著名的编年史家，是扮演像这样不太集权的制度守护者的恰当人选。在四个多世纪中，关于孔子所独有的卓越才能的传说越来越多，特别是在公元后第一个世纪，甚至有这样的传闻——孔子试图用某种方式令公元220年崩溃的东汉政权起死回生。也许部分原因是，孔子在汉代被赋予的角色是如此之多，也如此多样化。在一些汉代文献中，孔子曾经被尊为“神”，可以预见普通人所不能看见的成败祸福。《春秋繁露》中这样说道：“上天的灾祸和君主的惩罚，二者的区别在于：一是隐匿的，一是明显的……孔子认为此二者是同样的，都是令人可畏的。天地神明的心意，人物与事件成败的真实原因，本来就没有人能洞察，只有圣人才能预见。”① 如果借用一个汉代的比喻，可以说阻止进入孔子大门的“荆棘”已经被上百的（如果不是上千的）热情支持者在多年后扫清了。

与成书于公元80年的《汉书》相似，许多编撰于现代的中国史书一般也假设孔子具有超人的预见性和通神的慧眼，无论这些史书是否来自中国、新加坡，或者是美国。根据这些历史记载，孔子静待时机，因为他知道自己最终会在中国第一个稳定的王朝崛起后而成为“素王”。这要归功于汉代越来越多的人对他的支持。几乎一成不变地，这些现代编撰的史书长篇

① 见《春秋繁露·郊语第六十五》，原文是：“天殃与上罚所以别者，暗与显耳……孔子同之，俱言可畏也。天地神明之心，与人事成败之真，固莫之能见也，惟圣人能见之。”

累牍地记载了汉武帝（公元前140—前87年在位）的统治时代，把汉武帝本人描写成一位强有力的统治者，他承认“五经”为正典，把孔子尊称为中国第一个繁荣稳定、疆域像今天的中国一样辽阔的王朝守护者。这些现代史认为，武帝时代（如果不是整个汉王朝）的一个重要功绩就是把“儒教”作为汉代的国家思想体系，但是至于“儒教”的主要宗旨和原则到底是什么，这些史书很少去做诠释。他们说，年轻的武帝不愿意听从窦太后指定的年长辅佐大臣们的督导，做出了三个对中国历史进程有着永久重大影响的关键性决定，从而建立一个集中了所有儒家学说精华的“经典帝国”：一、按照《汉书》，在公元前136年或者前135年，武帝决定，那些不能专攻“五经”的大臣不能封为博士，对于那些想成为跋扈的窦太后集团成员的文人来说，也许这样做阻断了他们的主要进身之道。二、十年以后，在公元前124年，武帝决定在都城长安设太学，用标准课程来培养王朝未来的管理人才。三、几乎与此同时，武帝也戏剧性地大规模扩充皇家图书馆秘阁的藏书，对那些献书者，无论所献为古书或新书，都同样给予赏赐。可以想见，这三项重要举措与他选拔人才的标准相结合，一定会为“五经”及其他文献的收集、编纂、研究、注疏和传播投入大量的文化资本。

包括鲁惟一（Michael Lowe）① 在内的汉代研究领域最著名的专家认为，上面的故事是没有历史根据的。正如一个早期谚语“窥一斑而知全豹”所言，片段的、零碎的信息本身是足够准确的，但是它们常常被主观臆断的人拼凑在一起，所得出的结论则完全是错误的。比如，根据当时的记录，有几位精通礼仪的博士根本就不能解释权威的文本。而且，没有令人信服的证据证明，“五经”是孔子追随者们编纂的。它们对所有受过教育的民众，无论男女、不同政治倾向和道德信仰，都可以通用。与正统记述中把那些精通经典的博士们描写成王朝的智库相反，他们实际上并不能引导汉武帝及其继承者在制定政策时采纳儒家思想。作为顾问，他们在王朝的作用是那样微乎其微，以致在武帝时代之后近一个世纪的正史记载里，他们从来没有以集体或者个人形式出现在一些重大事件中。虽然太学的确对那些候补官员进行考试，来考量他们引经据典、为王朝最残酷的行动和最奢侈的盛会粉饰盛世气象的能力，但是考试本身从来不是汉代士人进身入仕的主要路径。很多官职都是限定授予那些高官贵族的兄弟子孙们。同样地，虽然经学是精英培养的前提条件，但是经学并不等于精英培养本身。汉代有太多一步登天的人，包括宫廷宦官和家奴，他们都在那时受到了良好的教育。

---

① 鲁惟一，英国著名汉学家，现为剑桥大学荣休教授。

更为复杂的是，根据记载，一些在汉代最著名的人物谴责对书本知识的过分偏重。比如，在东汉晚期，徐干（170—217）这样写道："可是那些迂腐的儒士，他们的博学只是体现在求证经典文献中事物的名称，详细考订工具器物，穷究字词的意义上。他们摘录章句，却不能明白经典的大义所在，想以此获得先王的喜爱。这无异于让女史诵读诗歌，宦官传达主上的命令。因而使学者费尽心思却不能明白道义，积年累月研习而无所得，所以国君一定要谨慎选择自己的老师。"①

真正的学问之士不会仅仅满足于手抄笔录，经学家们往往过分沉迷于细节阅读，而忽略了对真正学问来说很重要的知识广度，它与智慧和价值相连。而且，没有一种可以被贴上"儒家"标签的、一以贯之的思想体系保存下来，直到后来由蒙古人建立的元朝在1313年把宋代保守的"道学"作为科举考试的唯一依据——虽然在南宋，同样的保守派已经在早些时候试图操纵考试的题目。同样重要的是，现在称为"儒家"的价值体系列表上的每一个名目（孝道、寡妇贞洁、家庭利益重于个人利益、严格的工作纪律），这些观念都出现在孔子以前的时代。

---

① 见《中论·治学》，原文是："然鄙儒之博学也，务于物名，详于器械，矜于诂训，摘其章句而不能统其大义之所极，以获先王之心。此无异乎女史诵诗，内竖传令也。故使学者劳思虑而不知道，费日月而无成功，故君子必择师焉。"

此外，历史记录显示，孔子被推举到圣人和神明的地位，并不像一些事后援引者所认为的那样，在很短时间内发生和具有自发性。一个被多次重复的故事，描述了汉王朝开创者汉高祖在公元前195年过阙里的时候，用“太牢”之礼祭祀孔子。当时汉帝国已经在他的统治下天下太平。这件事直到公元前195年之后的数世纪才见诸历史记载。看起来，如果汉高祖真有此举，他意图在他的王朝统治和孔子之间建立联系，因为汉代正史显示，汉王室试图通过支持和接受尽可能多的本土偶像来建立仪式至上的惯例。如果我们愿意相信关于高祖礼祭孔子的记载，那么有两个令人好奇的事实无法解释：（1）在公元1年以前，没有孔子的后人曾经凭着与孔子的血缘联系而得授高官；（2）就我们所知，在西汉政权（公元前206年—公元25年）的前两个世纪，并没有发生孔子在他家乡以外的地方受祭之事。只有在公元1年的时候，随着汉王室的衰落，西汉王朝当时的摄政者（和后来的篡位者）王莽曾经封孔子的嫡系传人孔均为“褒成侯”，推想他会向自己杰出的先祖献上正常的祭礼，来为汉王室祈福。

公元23年王莽短寿的“新朝”政权被推翻后，东汉王朝的创立者几乎无暇到距离新都洛阳千里之遥的阙里亲自主持献祭。他派遣宋弘——一位高级官员和姻亲，代替他向孔子献祭。在公元29年，光武帝的确在朝廷上封另一位孔子后裔孔安为

“殷绍嘉公”（公元 37 年，他又改封孔安为宋公，位在三公之上），虽然这也许只是一种姿态，向这位从东北长途跋涉而来的宾客表示敬重。公元 59 年，在东汉太学和郡县学都建立了祭祀周公和孔子的祀典，绝大多数历史学家认为这些王朝祭祀一旦确立后，就一直正常地举行祭礼，直到汉王朝在公元 220 年灭亡。但是只有三个皇帝，东汉的第二、三、四位执政者，据说曾亲自祭祀孔子来巩固自己的统治，而不是派遣使者代祭。我们也知道，在公元 178 年，就在东汉统治走向终结前夕，孔子与他七十二弟子的肖像画出现在鸿都门学墙壁上，作为太监和宫女的楷模，显示一种暧昧的荣耀。数年以后的一场大火烧毁了一座孔庙（可能是在阙里），毁坏了与这位伟人息息相关的所有遗物，包括他的马车、长袍、帽子，这一事件被看成是复兴的汉王朝日渐失去民众支持的预兆。

这样的记载让我们可以重新想象，孔子的形象曾经不时地被王朝召唤，但只是作为非凡的人物和神明的一员来支持汉朝统治。孔子毕竟曾经论述了治理国家的原则，他也许值得这样的抚慰：现在已经出土的、认为是在汉代以前数世纪的最早竹简之一——上海博物馆藏战国楚竹简中，把孔子的政治哲学归纳为一句口号：“不违民之所欲。”另一部编纂于秦的文献用一个意想不到的比喻来赞扬孔子，认为他懂得治理天下，就像一个好的驾驭者知道怎样及何时策马加鞭而不伤及马儿。然而汉代统治者针对不同听众提供了不同的记载，这样今天的历史学家总是无法确定孔子所提出的儒家原则究竟是什么。

但是如果从《论语》和孔子两个最重要的门人孟子和荀子（请见第二章）的著作来看，我们可以发现“儒家”的政治计划应该包括以下这些内容：（1）一组重新分配机制，使最富有者的多余财富转让给最贫穷者，其依据是：一个政府的稳定统治依赖于它向百姓所提供的经济和教育机会。（2）反对战争。除非所有的外交手段都不能让一个独裁者下台。（3）限制铺张奢侈的法令与刑法一起，可以发现和奖励品德高尚的人，也相应地严厉惩罚那些谋取个人私利、危害社会的行为。（4）“出门如见大宾，使民如承大祭”的基本原则（我很乐于见到孔子对性别和阶级态度更清楚的表述，但是现存的传统在这些内容上是互相矛盾的）。

前面提到的政治计划中没有任何部分在西汉或东汉得到了推进。实际上，汉代创立者曾经对一位劝谏其虔信儒家教条的经典学家十分反感。而汉武帝，中国当代部分历史学家认为他是对提升孔子地位最有影响的帝王，事实上他完全忽视孔子的说教，因为他连年对外用兵而使汉王朝衰落，并使部分统治阶层反对中央集权。虽然如此，汉代统治者还是欣然看到，利用孔子的名声可以为他们惩罚那些行为不当的贵族找到合理性。幸运的是，据传由孔子所作的《春秋》为王朝统治者提供了以谋反罪来惩处贵族所需要的所有理由，因为《春秋》记载了周朝与鲁国的合法王权被逐步篡夺的过程。帝王有时候也出于政治派别的原因来支持那些经典学家们。比如，年轻的汉武帝急于要除掉他跋扈骄横的太皇太后身边衰老的顾问们，采纳了经典学家们的积极实践理论，放弃了与老子《道德经》所相关的无为而治的经济政策。还有，武帝作为一位颇有才华的业余文学爱好者，一定十分欣赏那些掌握了“五经”优雅的、具有韵律语言技巧的文人作品。

如果把“儒教”视为主要或者唯一的、提升汉王朝神圣性与合法性的思想体系，那是很不合宜的（民国以后通行的历史教科书就是这样认为的）。那么，从汉代的记录里看，孔子在汉代究竟是处于什么样的位置呢？在什么样的基础上汉代统治者能吸引他的臣民？由于从“五经”所得到的教训是那样的多样化和充满了矛盾，它们可以被用来支持几乎任何伦理道德或者政治的情形（就像汉代的神运理论或者《圣经》一样），那么，实际上汉王朝为了提高自己的地位是如何对待这位古代圣人的呢？

作为《春秋》作者的孔子

本章叙述从孔子成为“素王”的故事开始，这样探讨孔子的充分理由是：从关于孔子编纂《春秋》的故事导向其他孔子的事迹，让人看到孔子不为人所熟知的作为预言家和文曲星的两副面孔。这些描写不仅仅存在于汉代，而且一直延续到今天，比较有名的例子是康有为在他的著作中集中论述了孔子如何作为宗教崇拜的对象。

与所有早期中国的史书一样，《春秋》避讳某些特定的事实和名字，认为它们太有失体面或者太令人生畏，而不能出现在正常的叙事记载中。但是据传说，孔子在用“微言”来表达对未来事件的看法时，他的避讳有特定的类型。在传说中，这位一生在政治上颇为失意、其建言总是被统治者恶意忽略的孔夫子，预见到汉王朝将会提供合适的时机，让他本人作为预言家、圣人和新政权的维护者而得到应有的尊敬和感激。刘邦——这位汉王朝的开创者，曾经努力尝试前人没有做过的事，无论是在当时所保存的历史记忆，还是在传说中。在仅仅三年的时间里，这位雄心勃勃的政治家从一介平民一跃而成为统治整个中央王朝的天子。而与之相对照，传说中的圣王舜、禹都曾历经磨难，直到以美德扬名，才被提拔到显要地位。此后，他们也都是再经过了数十年考验才最终成为王位继承者。舜还娶了尧的女儿。上天一定对刘邦特别厚爱，因为他在秦始皇驾崩后非常迅速地建立了汉帝国。同样出身低微的孔子也许在他的学说里为刘氏政权的快速崛起提供了支持，相应地，刘氏政权也推崇孔子的思想，最主要的表现就是，汉王朝宣扬自己的统治更多依赖礼仪，而不是惩罚，与以前短寿的秦王朝不同。其次，刘氏政权在孔子的故乡和都城建立了孔庙，来追封这位圣人。两首与孔子有关的歌谣合在一起，讲述了一个故事。一开始，孔子哀叹自己政治上的失败：

大道隐兮，礼为基。

贤人窜兮，将待时。

天下如一，欲何之?①

在第二首歌谣中，鲁国人对孔子极尽溢美之词：

衮衣章甫，实获我所；章甫衮衣，惠我无私。②

就某种意义上说，孔子戴冕旒、着帝袍的形象，是他成为无冕之王的象征，这样的荣耀主要是因为人们相信孔子编著《春秋》的事实。正如司马迁这样写道："孔子知道自己的建议不会被采纳，治世之道不会行于天下，于是著书评价过去二百四十二年历史中的是非对错，以此作为天下人行为的准则。他

① 见《孔丛子·记问第五》。

② 见《孔丛子·陈士义》。

批评天子，斥责诸侯，声讨大夫，不过是借此表达王道之事罢了。”①

《春秋》对初读者来说，是一部简洁明了的鲁国编年史，它记载了鲁国十二位国君的王权兴替，但是它隐含了微妙的含义，启示后世贤君如何建立合理的统治制度。无疑，这些鲁国国君们自称为周公旦之后，并不是一件毫不相关的事，因为据称，周公旦在孔子出世五百年前曾经开创了一个黄金时代。在那时，稳定的礼仪中心带动了和平与文化的统一。根据为数不少的考古记录，周王朝统治的第一个世纪的确是一个非凡的文化开化期。但是仅仅在周公旦之后的三个世纪，当《春秋》纪年开始的时候，野心勃勃的王族与权臣发动了一系列应受谴责的宫廷阴谋，而周公旦在鲁国的后人已经沦为不知情的参与者。《春秋》所记载的首位鲁国国君鲁隐公（公元前722—前712年在位），在继位的十年后被他心怀不满的异母兄弟所杀。《春秋》中十二位鲁国国君的王权兴替如实记录了鲁国急剧走向衰落的过程，这些国君们都太过软弱，以致无力维持从周公那里继承的礼制风俗。因而，《春秋》看起来是对鲁国国史平淡的

① 见《史记·太史公自序》：“孔子知言之不用，道之不行也，是非二百四十二年之中，以为天下仪表，贬天子，退诸侯，讨大夫，以达王事而已矣。”

复述，却展现了令人惊奇的治世与乱世图景，详细地描述了鲁国政治生活中加剧的腐败和骄奢淫逸。

孟子是孔子忠实的拥护者，也许也是第一个认为孔子非平庸之师和《春秋》非普通史书的人。孟子说道："世道衰颓，道德败坏，异端邪说与暴虐行为纷纷出现。有臣子杀害国君的，有儿子杀害父亲的。孔子非常担心，便写了《春秋》。《春秋》讲述的是王道之事。所以孔子说：'了解我的人，是因为《春秋》吧！责备我的人，也是因为《春秋》吧！'"①

正如以上这段话所显示的，在一个理想世界，历史是天子受上天委托并在国家监督之下所创造的，但是由于周天子不再能作为中原最高统治者来履行其职责，孔子也许觉得他非得编写出一部真正的历史不可，尽管他自己地位低下，且一生不得志。那些同意孟子观点的人，比如西汉中期的董仲舒，强调孔子在亲历了那些历史事件后的沮丧心情，和他在编写《春秋》时公正严谨的立场与观点。由于找不到任何一位统治者来实施他的政治理想，孔子在编著《春秋》时花费了很多年时间和精

① 见《孟子·滕文公下》，原文是："世衰道微，邪说暴行有作，臣弑其君者有之；子弑其父者有之。孔子惧，作《春秋》。《春秋》，天子之事也。是故孔子曰：'知我者，其惟《春秋》乎！罪我者，其惟《春秋》乎！'"

力。“《春秋》以人事而协天道。”① 不过，人们常常忽略了，董仲舒这位《春秋》学大师，在很大程度上改变了孔子原来的话语：起初，《春秋》被认为是政治寓意之作，是为了让当世统治者对不断升级的内乱引起警惕。但是在董仲舒的著作里，《春秋》变成了天人感应宇宙观的反映，强调完美的天道循环原则贯穿古今、天地和阴阳。按照董仲舒的观点，孔子“作春秋，上揆之天道，下质诸人情，参之于古，考之于今”，“《春秋》大一统者，天地之常经，古今之通谊也”。② 不过，尽管如此，早期批评孔子的人并没有保持沉默。在他们眼里，孔子妄作鲁国历史就是犯了僭越之罪。他们坚持认为，没有鲁国或周朝的忠臣会揭自己统治者的短。从政治角度品评和臧否古今人物是极其傲慢武断的，一个圣人根本不会做这样的事。

在下面的一段话里，孟子论述了孔子作《春秋》可能对当时的政治人物所带来的深刻影响：

> 昔者禹抑洪水而天下平，周公兼夷狄，驱猛兽而百姓宁，孔子成《春秋》而乱臣贼子惧。（《孟子·滕文公下》）

---

① 见章学诚：《文史通义·卷一内篇一》。
② 见《汉书·董仲舒传》。

假设当权者内心对真正的危险感到畏惧，我们可以很容易地想象为什么像孔子这样地位低微的人发现，通过反复斟酌词句来间接表达批评的意见，或者说，在《春秋》不引人注意的文本中隐藏他的想法，不但是有效的，而且是必需的。有人认为孔子这样做的动机是出于为统治者“粉饰”的需要，因为他们的所作所为太过卑鄙。也有人认为，也许他一直致力于为后世而作，因为他对自己在有生之年实践重要的改革理想已经感到绝望。诸如此类的原因，最终促成孔子写了这样寄托理想于“微言”的著作，它暗示了当时对历史人物与事件滥用褒贬的不良风气。比如，虽然在鲁国南面的吴国与楚国国君长久以来自称为“王”（暗示与作为中原最高统治者的周王是平等的），而《春秋》只是不动声色地称他们为“子”。在《春秋》别的段落中，又特意用了委婉的语言来揭露或隐瞒不当的行为：如《春秋》记载“天王〔周襄王〕狩于河阳”，而实际上，他是蒙受耻辱地应晋文公之召，为其会盟其他诸侯国而赴约。传统文献也记载说，孔子把一些糟糕的历史角色的名字从史册上抹去，让他们从此湮没无闻。如果借用法国社会学家列维·斯特劳斯（Claude Lévi - Strauss，1908—2009）的术语，孔子这位《春秋》的编纂者明显地“预先设定”，他精心选择修辞，通过在戏剧性的事件叙述后附上简短的评论，提醒读者解读历史事件的复杂性，从而增强对道德复杂性的洞察。通过含蓄的“褒贬”态度，孔子希望能够引导后代，让他们清醒地认识到不道德行为的危险，以及正义的行为所可能带来的福佑。正如一部汉代文献所言，如果在某一特定地区人们言行一致，每一个人都得到公正的对待，那么也许是由于受到《春秋》的积极影响。

传统意味着变革，过去预示了将来，这样的遗产从孔子一直传承到近代历史。这一笔遗产，据记载在来临前是有其预兆的。据说曾经在短时间内连续发生了两次日食。根据《春秋》注，这两次日食发生在孔子出生前不到一年时间的一个庚子日。来自上天的这两次信号，预示了改朝换代。这奇迹般的“两个太阳”的景象提醒我们，孔子，这位素王，生活在周天子仍然在名义上统治中原地区的时代。用双关语来解读，“庚子”既是“变更之日”，也是“再生之日”，预示一次复兴或者再生会影响整个民族。

如果现存的传统文献可以引导我们走进孔子真正的内心世界，特别是通过他在《春秋》里所加入的“微言”（当然这是不无疑问的），那么我们就可以感受到孔子强烈的使命感。有的时候他压抑消沉，有的时候他昂扬振奋。“但圣人虽异人者神明，而同人者五情”（《论语集解义疏序》），就是说孔子有常人所不具备的圣明，但是他也和常人一样有着普通的情感

（喜、怒、哀、乐、忧）。因此，每当他觉得被人怠慢或轻视的时候，他总是和自己内心的恶魔做斗争。即使这样，读过《春秋》的人仍然会想起，孔子每当遇到威胁时，总是鼓起巨大的勇气，因为他相信上天赋予他一个特殊的使命。“文王既没，文不在兹乎？天之将丧斯文也，后死者不得与于斯文也；天之未丧斯文也，匡人其如予何？”①

这是为人们所接受的孔子编《春秋》的传说，它记录在汉代的文献里。例如，汉代的思想家王充（公元 27—97 年）这样写道：“孔子作《春秋》，是因为周代的民风败坏了。所以他寻求细微之善事，贬斥极小之恶行，整顿乱世，使它返回正道，完善伦理道德，使王者治天下之道完备，以此来矫正奢侈轻薄的风俗制度，所有的规定都周密详尽。不修筑河堤以防决口，就会有洪水泛滥的灾害；网破了洞而不织补，就有野兽逃脱之险。所以周代的礼制不败坏，百姓就不会浮华轻薄；百姓不浮华轻薄，孔子就不会著《春秋》。”②

在王充看来，每当著者评论历史的时候，他们实际上在论

① 《论语·子罕第九》。

② 见《论衡·对作》，原文是：“孔子作《春秋》，周民弊也。故采求毫毛之善，贬纤介之恶，拨乱世，反诸正，人道浃，王道备，所以检押靡薄之俗者，悉具密致。夫防决不备，有水溢之害；网解不结，有兽失之患。是故周道不弊，则民不文薄，民不文薄，《春秋》不作。”

当世的政治得失，这样著者的话语就有了权威性。

我们不应该把这些关于孔子编撰《春秋》的逸事，与《左传》中出现了至少46次的孔子相混淆。在《左传》中，孔子通常被称为仲尼，他所评论的事件往往是发生在不远的过去，可能他从长辈那里听说过，或者年轻时甚至亲眼见过。不过，在很多情况下，孔子会全面地看待对某一特定的历史角色的行为，而不是挑出某个特别的行动来予以褒贬。这样做的结果是，他对人物的一系列评价都是复杂多面的，无法从中得出清晰的道德教训。以《左传》中的一个例子来说：公元前625年，夏父弗忌任鲁国的宗伯，他违反了宗庙祭祀按照世系先后的“昭穆制”规定，要把他父亲鲁僖公的位次排在鲁闵公（鲁僖公之兄）之前。孔子认为夏父弗忌的上司臧文仲（鲁国三大家族之一）应该为他的自私行为承担最大的责任，因为臧文仲放任逆祀之行而不谏。虽然臧文仲当时在鲁国有廉洁的名声，但是这丝毫不能阻止孔子对他的批评。的确，我们可以想象臧文仲在普遍舆论中的形象也许让批评他的孔子承受了更大的压力。但是，孔子鞭辟入里的评论自然地在崇信他的卫道者中引发了对文本解读的一系列论争。

在另一个相似的例子里，孔子谴责了另一位鲁国官员——臧文仲的孙子臧武仲，因为他因鲁襄公将他问罪流放而做出过激的行为：

仲尼曰："知之难也。有臧武仲之知，而不容于鲁国，抑有由也。作不顺而施不恕也。《夏书》曰：'念兹在兹。'顺事、恕施也。"（《左传·襄公二十三年》）

孔子暗示，如果臧武仲把自己放在鲁襄公的地位上进行换位思考，那么他就不会称自己的君王为懦夫或者"鼠"了。

孔子对那些从不考虑如何让当权者听到自己批评意见的人没有耐心。他认为，一位官员（更不用说是国君），不应该忽视朝廷的现实，因为它们会影响普通百姓的生活。此外，忠臣激烈反对国君很少对国家有任何好处，这样的"苦药"也违背了礼制。辅佐一位刚愎自用的统治者，更好的方法就是用自己的正直作为完美榜样，而不是激怒他，让他做出更加荒谬的事情。在《左传》记载的 46 个事件中，孔子只有一次是直接对统治者进行批评，那是针对楚灵王（公元前 540—前 529 年在位）。他只是评论说，如果楚灵王能够接受批评的意见，就不至于失去王位。很明显，《左传》中的孔子坚持他一贯的原则，但是对于楚王众所周知的残酷行为，他却保持了绝对的沉默。

许多关于孔子的评价后来证明是令人困惑的，正是因为孔子实践他自己的教条：他从当事人和重大后果两方面来看待一个单独的事件。也许最著名的关于孔子模棱两可态度的例子与发生在公元前607年的一件事有关。当时，赵盾为晋国相，但他没能阻止自己的儿子参与谋乱。赵盾对他昏庸无能的国君有不同意见，并且吵到面红耳赤的地步。他已经打定主意要离开晋国，但是他接到报信说叛乱者已经谋杀了晋灵公。于是赵盾返回都城，镇压了叛乱，处死了自己的儿子，并另立公子黑臀为君。尽管这样，鲁国的编年史还是这样写道，“赵盾弑其君”，把责任推到他的身上，因为他与整个事件脱不了干系。作为非官方的历史学家，孔子据说是这样谈论晋太史董狐的：

> 董狐，古之良史也，书法不隐；赵宣子，古之良大夫也，为法受恶，惜也，越境乃免。（《左传·宣公二年》）

在《左传》记录的公元前528年史实中，晋国正卿叔向谴责自己的弟弟叔鱼贪赃枉法。为让所有晋国之臣看到他是一个正直无私的仲裁者，叔向把叔鱼的尸体曝于市，让百姓见证其弟之可耻下场。孔子这样感叹道：

> 叔向，古之遗直也。治国制刑，不隐于亲……杀亲益荣，犹义也夫！（《左传·昭公十四年》）

很明显，孔子甚至对这件非常简单明了的事，也不能给予毫不掩饰的赞美或者毫无保留的谴责。因而，《春秋》的“传”成为一门需要最深刻见解的微妙艺术，因为“《春秋》著以传著，疑以传疑”（《穀梁传·庄公七年》）。总是那些希望成为道德仲裁者的读者才会质疑，是否故事中的人物为了达到最好的可能结果而做出了合理行动。这种对史书记载的内中深意和对特别行为与事件的执着求索的精神，为理解一个人的生活及其在社会历史中所扮演的角色提供了可能，这与我们解读《论语》中的孔子完全一致。在《论语》里，孔子避免评论任何一位历史人物是完全充满仁爱的。虽然如此，《春秋》里的每一个事件被描写得如此形象生动，读者仿佛敏锐地感觉到在现实生活中由一系列灾难而引起的极度混乱。

汉代的太史公司马迁相信，孔子作《春秋》时，“笔则笔，削则削”。因为《春秋》为司马迁著史树立了标准，更不用说在他以后的史家了。在我们评价孔子作《春秋》的意义时，以下几点也许很有启发：（1）在印刷术得到广泛传播的公元10世纪以前，关于“著作者”的概念和今天是完全不同的；（2）写作被认为是志向远大而在现实中无法入仕的男子唯一可以遣怀的手段；（3）创作与传播，这两个在逻辑上互不相关的作用的界限在一开始就被模糊了，尽管孔子曾经宣称“述而不作”。后来有更多的作品往往托名于以前的著名作者，只要这些作品能代表作者的精神。总之，作者的名声符合创作成就，而创作成就也体现作者的名声。虽然如此，历史写作主要还是被认为保存了那些被否定的真正历史人物或事件，正如我们从司马迁的《史记》中所读到的。司马迁在解释他为了完成始于父亲遗愿的伟大通史事业而最终忍受腐刑之耻的时候，正是依据了这样的逻辑，这可以从他在《报任少卿书》中的两段话得到充分印证：

> 盖西伯（文王）拘而演《周易》，仲尼厄而作《春秋》……《诗》三百篇，大抵圣贤发愤之所为作也。此人皆意有所郁结，不得通其道，故述往事，思来者。
>
> 所以隐忍苟活……恨私心有所不尽，鄙没世而文采不表于后也。

根据司马迁的叙述，他的父亲曾经不断地激励他用写作来补偿尘世的失败，由此博古通今，继往开来，而且，至少在想象中让自己回到过去的太平时光。无疑，过去的历史记载对了解如何把现实的、道德的手段相结合来治理国家，提供了很有价值的见解。司马迁也这样评论道："自从鲁哀公十四年获麒麟以来，已经过了四百多年，而诸侯间互相兼并，史书记载大多亡佚。现在汉王朝兴起，天下统一，君主圣明贤能，忠臣死义之士辈出，我身为太史而不能论述记载，却让天下的历史文献不传，这令我十分担心不安。”①

当然，要重编历史的史学家们所遭遇的一个难题是，如何把真正的古典文献与以“存古”为名而大量编造的伪书区别开来。各种各样关于过去传奇人物的野谈在流传着。在这些故事里，他们被赋予了奇怪的言行，要么是嘲弄的，要么是不明智的，都试图为政策的制定提供可用的先例。如何才能从这些故事里去伪存真呢？这在今天也不是一个小问题——尽管有更好的工具来证明真实的历史。口头历史和谣传的亲历者记载，成为汉代历史学家可以依赖的主要资料来源，尽管学者普遍认为这些资料显然是不可靠的。汉代史家通常以构想来编写历史，与希腊历史学家修昔底德的方法颇为神似：好的史学家让历史中的人物表达他们自己的思想，并且比绝大多数人的表达更加清晰。历史是真实的，只要它在特定情况下为表演者提供所有的可能性，为领导者做出行动决策、决定从属者的命运，同时也为上述历史人物提供动机。因此子思（孔伋）——

① 见《史记·太史公自序》，原文是：“自获麟以来四百有余岁，而诸侯相兼，史记放绝。今汉兴，海内一统，明主贤君，忠臣死义之士，余为太史而弗论载，废天下之史文，余甚惧焉。”

孔子的孙子，对那些批评他假托其荣耀的祖父话语的人进行了反驳：

> 子思曰："臣所记臣祖之言，或亲闻之者，有闻之于人者，虽非其正辞，然犹不失其意焉。"（《孔丛子·公仪第九》）

自诩为道德家和史学家的人尽可能地从各种可能的来源中找到证据，包括关于孔子向老子请教的故事。当时的老子据说是周的"柱下史"，掌管周朝文献典籍。通过搜求和筛选所有见闻，历史学家希望能够编写出像孔子《春秋》这样真实的历史，其意义能够超越当时当地。

历史既不是透明的事件记录，也不是故事片段的拼凑。历史是有意识的创作产物，其中倾注了作者的希望和梦想。有人认为历史是记忆与遗忘之间的对话。也有人基于对人类本性的评论，认为可以从历史中找到或者构建宏大的意义，因为人们抗拒由一连串的事件而产生的不连贯感和徒劳感。然后，当他们捕捉到某种情绪、感情或者观点，并且把它回归到过去，历史学家就成了珠宝匠和魔术师。也许这也解释了为什么传说中的孔子试图成为中原文明最著名的历史学家。

我们生活在书籍汗牛充栋和信息严重超载的年代，似乎忘记了当文字书写在昂贵的帛书或者竹简上的时候，那些书面文字曾经是那么的绚丽生动。关于书写影响力的叙述可以从一部汉代著作《淮南子·要略》的开头段落找到，这段话对各种类型的书写做了夸张的评述："著书立说的目的，是用来规范道德，治理人世之事。上察天道，下究地理，并把天地之间的诸多规律贯通起来。即使一部书不能完全揭示深奥玄妙之处，但涉猎广泛，也完全能够观察事物的终始。如果只是提纲挈领地说明大概，而不剖析事物的初始状态，分清事物的本来面貌，恐怕会让人觉得糊里糊涂，不知所云。于是铺张文字，泛泛而论，又担心别人会舍本逐末。所以，光谈大道而不谈人事，就无法与人间世事融通；只谈人事而不谈大道，则不能与自然同化……著书的目的，是用来探究大道通塞的，希望后代能够懂得适宜的取舍之道，在外部和万物交接而不致迷惑，在内部能够用来静处精神颐养元气，安详平易，达到中和境界，自己也享受从天地之中所得到的愉悦。"①

---

① 见《淮南子》卷二十一《要略》，原文是："夫作为书论者，所以纪纲道德，经纬人事，上考之天，下揆之地，中通诸理，虽未能抽引玄妙之中才，繁然足以观终始矣。总要举凡，而语不剖判纯朴，靡散大宗，惧为人之惽惽然弗能知也；故多为之辞，博为之说，又恐人之离本就末也。故言道而不言事，则无以与世浮沉；言事而不言道，则无以与化游息……凡属书者，所以窥道开塞，庶后世使知举错取舍之宜适，外与物接而不眩，内有以处神养气，宴炀至和，而己自乐所受乎天地者也。"

在汉代，《春秋》作为一位超级圣人的著作，成为解释法律、想象更美好的世界以及探明微观与宏观世界力量关系的主要经典。是的，《春秋》对身居高位的叛国者所受到的严厉刑罚做了辩解。但是研习《春秋》者并不只是服务于王权野心的毫无思想的工具。据说，一位研究《春秋》的学者孔光（他也恰好是孔子的直系后裔），在汉元帝时也因为直谏无忌而被贬职。

孔子，幻想家和预言家

饱学之士在阅读《春秋》中最受欢迎的主人公孔子的逸事时，加入了自己独特的见解，来揭示流传故事中的不实之处。其中有一则故事叙述了鲁哀公与孔子的一段对话，鲁哀公问孔子为什么夔（一位有传奇色彩的宫廷乐师）只有一足（断足是古代中国的五大极刑之一，断肢毁体，由于不祥，很少在宫廷中使用）。孔子解释说，鲁哀公只是误解了“一足”的意思，“一足”既可能指“一只脚”，也可以指“一个就足够了”。一位优秀的乐师“足够”促进一个由音乐和礼仪所主导的革新时代到来。

在其他汉代故事里，孔子被描述成业余历史学家，善于参考古老的文献。从那些文献里，他学会了很多古老的汉字词源知识。中国现存最早的古代字汇工具书之一《说文》，是由许慎在公元100年时编纂的，包括十二种字符分析，两种基于《论语》的段落，十种基于不足凭信的文献资料。下面是两个例子。请注意双关语在汉代的流行，代表形义和音节的偏旁被认为暗含了事物的内在联系。从这两个例子中，我们可以看到关于孔子出生的神话在许慎的东汉时代已经出现了：

> 乚部：孔，通也。从乚从子。乚，请子之候鸟也。乚至而得子，嘉美之也。古人名嘉字子孔。
>
> 乳：人及鸟生子曰乳，兽曰产。从孚从乚。乚者，玄鸟也。《明堂月令》："玄鸟至之日，祠于高禖，以请子。"故乳从乚。请子必以乚至之日者，乚，春分来，秋分去，开生之候鸟，帝少昊司分之官也。

早期文字的构形系统由许多部分组成，每一个部分都被认为是一个或多个宇宙形态的真实反映。因此，每个与现代语言、玄学和哲学相关的主题，都被认为是对理想的社会基础自然形态的研究。辨认语源来解读字符，就是要通过规则、学问和直觉的有效组合，来分辨决定人性的起源、本质和终结的潜在顺序。

那些可能让现代读者觉得完全荒诞不稽或者索然无味的故

事，却对汉代的人们具有深刻意义，因为它们看来毫无疑问地证明了孔子对于过去与当代所发生的事件具有天赐的特殊洞察力，这样的洞察力使他完成了《春秋》的编撰。孔子有某种神圣的光，照耀内心，它可以清除或驱散所有迷雾，让他可以看到和分辨肉眼凡胎所不能看到的东西。比如，当周的都城内一座庙着火的时候，孔子马上猜测这是为周厉王立的太庙被烧毁了。当齐景公问他为什么这么肯定，甚至在没接到详细的报告之前就这么论断，孔子回答说，因为厉王（其谥号意思是“灾难”）十分骄奢淫逸。按照这个逻辑，上天不愿意直接毁灭厉王，免得他的死威胁到对远祖文王、武王两位贤君正常的祭祀，“故殃其庙以彰其过也”。在另一个征兆发生之后，孔子预言说，三年之内公索氏就会灭亡。当预言应验后，一位弟子问孔子如何能预知什么事情会发生，孔子回答说：“祭可以说是‘尽’的意思，是指孝子要对父母尽自己的孝心。公索氏在临祭的时候丢失了祭祀的牲畜，由此我知道他将会走向灭亡。”①

根据司马迁《史记·孔子世家》，孔子不但可以解读人和他们的失败，而且可以解释其他的怪事：“孔子四十二岁的时

① 见《说苑·权谋》，原文是：“祭之为言索也，索也者尽也，乃孝子所以自尽于亲也。至祭而亡其牲，则余所亡者多矣。吾以此知其将亡矣。”

候……季桓子掘井，得到一个土盆，盆中有个像羊一样的小动物。他对孔子说挖到了一条狗。孔子却说：根据我所听闻的，这应该是羊。我听说木石中的怪物叫夔、罔两，水中的怪物叫龙、罔象，而土中之怪物叫坟羊。”①

然后孔子把这一奇闻与之前发生的鲁昭公为季氏所逐，终亡于外，而季氏则安然死于鲁的令人愤慨的事件联系起来。当君臣上下礼法颠倒的时候，一个非雌非雄的怪物出现显然是个适时的凶兆。

而另一次，吴国讨伐越国，攻占会稽后，发现了一块巨大的骨头，可能是某种庞大的全身长满长毛的哺乳动物，或者是一种类似犀牛的动物身体的一部分。总之，这块巨大的骨头占满了整辆车的空间。由此引起的议论自然地指向了巨型人类，孔子旁征博引，列举了在古代中原曾经有过的巨人部落防风氏。后来，当孔子在陈国时，曾经发生过成群盘旋在陈国宫廷上空的鹰突然坠落而亡的事情，其中一只鹰的胸脯被一支有着特定长度和风格的箭头穿透。陈国国君闵公（公元前 501—前 478 年在位）派使节向孔子请教。孔子推测这些鹰从很遥远的南部

---

① 见《史记·孔子世家》，原文是：“孔子年四十二，鲁昭公卒于乾侯，定公立。定公立五年，夏，季平子卒，桓子嗣立。季桓子穿井得土缶，中若羊，问仲尼，云：‘得狗。’仲尼曰：‘以丘所闻，羊也。丘闻之，木石之怪夔、罔两，水之怪龙、罔象，土之怪坟羊。’”

地方飞来，那里曾经居住过肃慎人，在很久很久以前，他们是周王朝开创者强大的同盟者。由于《论语》很清楚地提到，“子不语怪力乱神”，读者也许很想知道，关于孔子可以未卜先知另一个世界这样的看法是怎样、何时和为什么会产生。关于孔子出生时胸口上有六字“制作定世符运”，宣布他注定是预言者和博学之士的故事出自哪里？也许这个故事与他对远古知识的习得有关，这使他能够得心应手地解读奇怪的事物和事件，以及古老的图文。

孔子：黑帝转世

几乎所有的汉代传说都认为孔子在出生时就是不同凡响的人，一个具有奇特眼光可以洞察过去和未来的人，而普通人只能看到眼前的事物。正如一部汉代著作中所说的“圣人独见先睹”（《白虎通·蓍龟》），如果孔子能够预见到未来或者看到凡人看不到的事物，那么他就自然而然地在传说中成为一位星宿神——黑帝之子，① 一位几乎是完美的预言者和先知。与地中海的世界不同，中国对神和人从来没有一个严格的规则来区分。一个可以发挥自己潜力的人可以是一位实际上的神。孔子就是

---

① 《春秋演孔图》载：“孔子母征睡梦感黑帝而生，故曰玄圣。”

这样一位学问渊博、性格成熟敦厚的典范，在汉代和后来的时代被许多人视为神。

在传说和神话中，远古贤君的出生都与年轻处女受到天帝感应有关，天帝往往幻化成各种形状降临人世，最典型的形象就是玄鸟。同样地，孔子的母亲是在成功向当地山神祈愿有子后在“野外”而受孕。对他的同时代人来说，孔子的父亲很明显是不为人知或者有争议的。毕竟他的父亲——一位从武士升为地方长官的男子，在孔子还是婴儿的时候就离世了，他都没来得及把孔子的母亲入户到他的辖地。因此，在杜撰的故事中，孔子的母亲在梦中与黑帝相遇并在沐浴黑帝恩赐的“精”后受孕。黑帝言“天感生圣子”①。所以自然令人联想到基督圣婴，是他的天上之父的儿子和化身。

至少两个奇迹（即两次日食），据说预示了孔子的出生时间是在春分，一个昼夜平衡的时间，同时也是万物生长的预兆。同样神秘的黑鸟（乌鸦或者燕子），曾经是中原王朝商和周的图腾，宣告了孔子的降生。出生在桑树的空树干里，孔子被比

---

① 此段关于孔子的出生神话，请参见晋朝王嘉《拾遗记·周灵王》卷九：“周灵王立二十一年，孔子生于鲁襄公之世。夜有二苍龙自天而下，来附征在之房，因梦而生夫子。有二神女，擎香露于空中而来，以沐浴征在。天帝下奏钧天之乐，列于颜氏之房。空中有声，言天感生圣子，故降以和乐笙镛之音，异于俗世也。”

成桑树，其雌雄异体的种子是通过风媒而授粉的，因而它的发芽是大地与空气令人好奇的感应结果，一种不同寻常的自我繁殖方式。根据一部纬书所载："扶桑者，日所出，房所立，其耀盛，苍神用事，精感姜嫄，卦得震，震者动而光……代殷者为姬昌，人形龙颜，长大，精翼日，衣青光。"（《春秋元命苞》）。请注意这段文字中谈到了太阳，作为王权的象征，太阳给予了王者耀眼的光芒，激励他成为取代周王室的素王。孔子的出生据说奇迹般地毫无痛苦，因为一直有天神在守护他。从一开始就很明显的是，这个男孩天赋异禀。他有着非同寻常的八英尺身高，更不用说他的额头特别突出的部分，而头顶凹陷，就像一个倒过来的小丘。所有这些为孔子打上了神的印记。（孔子的名"仲尼"，也是从这个凹陷部分而来，即尼山的次子，而他的字"丘"，意思是山丘。）

> 孔子长十尺（相当于八英尺），海口尼首，方面，月角日准，河目龙颡，斗唇昌颜，均颐辅喉，骈齿龙形，龟脊虎掌，胼协修肱……眉十二采，目六十四理。立如凤峙，坐如龙蹲……腰大十围，胸应矩，舌理七重，钧文在掌。胸文曰：制作定世符运。（《春秋演孔图》）

一位与孔子同时代的人把孔子和神话中的古代圣王进行比较：

> 吾观孔仲尼有圣人之表。河目而隆颡，黄帝之形貌也；修肱而龟背，长九尺有六寸，成汤之容体也。然言称先王，躬履谦让，洽闻强记，博物不穷，抑亦圣人之兴者乎？（《孔丛子·嘉言第一》）

可以理解，孔子的母亲曾试图捂住或者藏匿这样一个孩子，却是徒然的。动物们照料他，直到他能自己存活。“圣人不空生，必有所制，以显天心，丘为木铎，制天下法。”（《春秋演孔图》）无论如何，当孔子的母亲死后，孔子把她的殡棺停在五父之衢，这是一个确定的标志，即他知道自己具有“神”的世系（因为衢是祭拜神的地方），他也知道他很难找到父子关系，也许由于某种原因他应该属于所有跟随他的世人？

很明显，所有自然、大地、宇宙和时间的力量都凝聚在一个人的身体里。这个孔子在面对一系列如赫拉克勒斯所遇到的不可思议的考验时①，证明了他非凡的能力。不过，与赫拉克

---

① 赫拉克勒斯（Hercules），希腊神话中的英雄，是天神宙斯与凡人所生的半人半神的大力士。

勒斯不一样的是，孔子注定要为人类带来一套道德体系，而不是用外在的力量来征服他们。根据这样的故事，孔子神化的出身和特殊命运保证了几近断绝的孔氏宗系的延续性和最终兴盛。读者一定还记得伯鱼——孔子唯一的儿子和继承人，与孔子最钟爱的学生颜回一样，很早就先于孔子离世了。孔子看起来没有对伯鱼有过很高的评价，而根据各种记载，伯鱼确实就是一个懒惰马虎的人。这也是孔子为他的弟子颜回和冉耕的早逝感到难过的原因。在他临终之际，失去了亲生儿子和精神传人的孔子只能由那些相对平庸的弟子把他抬高到神的地位。虽然这些弟子不能完全理解他思想的深度、要旨、意义，他们还是用自己的方式来回忆他，正如我们从司马迁的《史记·孔子世家》记载中所了解的：

> 孔子葬鲁城北泗上，弟子皆服三年。三年心丧毕，相诀而去，则哭，各复尽哀。或复留。惟子贡庐于冢上凡六年，然后去。弟子及鲁人往从冢而家者百有余室，因命曰“孔里”。鲁世世相传以岁时奉祠孔子冢。

像传说一样，随着时间的流逝，参加隆重葬礼的孔子弟子人数奇迹般地不断增加，到了东汉末年，据说孔子有八千忠实弟子，而不是像《论语》里提到的六个或八个弟子。更意味深长的是，没有一个真正的早期记载谈到在临终的孔子床边悲痛的亲戚们，也没有关于孔氏家族守丧者围在他墓地的叙述。只有唯一的孙子子思还活着，很明显，孔子的血脉就是通过这个年轻的男孩而延续了下来。显然，孔子的传统在各个意义上都无法被局限于孔家直系血统，虽然传统意义上子思被认为是一部关于孔子学说精粹的摘要之作——《中庸》（见第四章）的作者（关于这一点我们并不能肯定），这部书与《大学》一起被视为是孔子成熟思想的可靠转录。一个汉代的故事让我们了解到孔氏家族成员在秦汉时代所从事的事业。孔子的九世孙孔子鱼（孔鲋）在秦始皇死后，曾经为当时的起义者陈涉担任过礼仪博士。陈涉起义加速了秦朝灭亡。当陈涉死于秦亡前夕时，孔子鱼将其所学悉数传授给一个叫叔孙通的人，并褒扬他“能见时变”。叔孙通欣然地入仕过秦汉两朝，他本人不是孔氏家族成员，却承担起把秦朝礼制改造适用到汉朝的大任。叔孙通知道由平民而一步登天的高祖会担心自己不能掌握繁复的古代仪式，他就为这位“乡巴佬”设计了一套简单易学的虚假仪式。

这样的故事并没有阻止那些自称为孔氏家族父系传人者利用机会来得到荣华富贵。孔氏家族的故事突出了他们与圣人的血肉联系，作为他们从圣人那里继承的不可思议之智慧遗产的唯一答案。历史学家詹启华（Lionel Jensen）曾经评论道，所有关于孔氏家族史混乱的地方，都被“假想的、在宗庙里对孔子的不断祭祀”所掩盖，因此强调孔氏宗脉“天生的”道德永远高于他人之上。于是，谋取私利的“孔氏家族事业”开始了，孔子后人因精通“五经”中的一种（令人好奇的是，不是《春秋》，而是古文《尚书》）而成为博士。西汉的孔安国是其中最有名的古典学者，而东汉则有孔融。

孔氏家族能让自己远离政治变乱，很大程度上是由于他们很早以前就看出，强调自己与那些富有传奇色彩的古代贤君的联系对他们是有利的。因此，纬书中的故事显示孔子是古代圣王的精神传承者。东汉政权在公元 220 年一崩溃，短暂的曹魏政权（公元220—265 年）就在孔子家乡修复的孔庙里重新恢复了对孔子的祭祀。每座孔庙里都有一幅孔子图像，孔庙邻近学校除了对学生讲授阅读、写作和数学外，还讲授伦理道德。同时，孔氏家族忙着通过宣传维持古代祭礼的重要性来让他们这位声名卓著的祖先荣耀永存，正如以下这段关于子思的话所显示的：“鲁国有一个同姓死亡而不去吊唁的人。别人对他说：‘根据礼仪，应当行免礼而不行，应当吊唁而不吊唁，这样的行为会受到主管者的惩罚。你为什么不去吊唁同姓呢?’那个人说：‘我是因为关系疏远才没有去吊唁。’子思听到这件事后说：‘这太没有恩情了。从前季孙氏问我祖父说：百代之下，同姓血亲关系可以断绝吗？夫子回答说：同宗都是同姓，在道义上是不能断绝的。’因此，同姓之人为同宗，将宗族联合起来就形成一个宗属，即使是像国君这样位尊者，也不应废除亲情，以此来彰显仁爱。因而同姓之间通过祭祀的顺序联系起来，通过排列昭穆关系来辨别亲疏，同姓男女万世不得通婚，这是忠厚笃信之道要求如此的。”①

不管孔氏家族成员的才能如何下降，他们的职业优势如何减弱，都可以从令人印象深刻的、厚厚的孔氏家谱得到补偿。但是孔氏后代们对孔子作为先祖的描述却一直继承下去，这将是此书后面篇章里所要展开的故事。

孔子是不是王、历史学家、先知和预言者，乃至神明？一位现代学者做了结论，认为孔子名字是一个所谓的自由标示物，它适用于表达帝国时代中国人所有的希望、欲望和冲动。本章却不以为然，而是认为到汉代的时候，孔子已经成为一个传奇性的历史学家、素王、预言者和神明，因为这四个孔子扮演的角色都天衣无缝地从一个导向了另一个。换言之，汉代赋予孔

---

① 见《孔丛子·杂训第六》，原文是：“鲁人有同姓死而弗吊者。人曰：‘在礼，当免不免，当吊不吊，有司罚之。如之何子之无吊也。’答曰：‘吾以其疏远也。’子思闻之，曰：‘无恩之甚也。昔者季孙问于夫子曰：百世之宗，有绝道乎？子曰：继之以姓，义无绝也。’故同姓为宗，合族为属。虽国子之尊，不废其亲，所以崇爱也。是以缀之以食，序列昭穆，万世婚姻不通，忠笃之道然也。”

子的角色反映了一个内在动力，即要让孔子登上神位。《春秋》“微言”中所寓含的褒贬，传达了被历史所掩盖的道德思想，并被精心设计以使其持久的影响达到最大化。难怪专攻《春秋》的学生倾向于把作为历史学家的孔子与被神化的圣人，还有曾经预言并且支持了中国历史上第一个稳定帝国的先知混同起来。宣称孔子为事实上的“祖先”是巩固王朝正统性，和加强对新征服地区统治的许多举措的重要部分。既然如此，何不通过暗示孔子神化的出身和完美无瑕来强化这样的主张呢？孔子越有神性，他的说教就越有权威性，尤其是那些历史和法律的内容。他的预见越是超自然，他选择汉代皇帝作为他合法继承人的选择就更显得伟大。

在古代中国，名望和现在一样，是由那些希望获得实际的和超验好处的人构建的。孔子在汉王朝不断上升的名望很恰当地体现了这一点，只要孔氏家族经典学者从未寻求挑战其权威。孔子被理想化和神化，从一个失败的周游列国的顾问到神圣守护神的人生旅程，在西汉和东汉的四个世纪中得到了完成。如果孔子真的是一位历史学家或先知，不但可以预言汉王朝的兴起，而且为其提供了一个明智的计划来保证其授权，那么孔子——一位本土的英雄，就可以成为所有中原人的精神祖先，礼仪祭祀者中真正的“无冕之王”。我们可以从下面这段经常被反复提到的逸事中感受到孔子在汉代超凡入圣的地位：“子贡拜望太宰嚭。太宰嚭问他：‘你觉得孔子怎样?’子贡说：‘我的才识不足以了解他。’太宰嚭又说：‘你都不了解他，如何能够侍奉他左右?’子贡回答说：‘正因为不了解他，所以要侍奉他。老师就像广阔的山林一样，百姓都可以从中找到自己所需要的木材。’太宰嚭又问他：‘你是否拔高了你的老师?’子贡说：‘老师是不能拔高的。我就像一堆泥土，用一堆泥土试图去增加大山的高度，这样做不但达不到增高效果，而且是很不明智的做法。’太宰嚭于是接着问道：‘那么你对老师的学问有什么斟酌选择吗?’子贡回答说：‘天下有个大酒樽，而您却单单不酌而饮之，不知道这该怪谁啊。’”①

在上面这段话中，孔子被比成醇香的美酒，谁都可以畅饮。后来，子贡又补充说：“赐譬渴者之饮江海，知足而已。孔子犹江海也，赐则奚足以识之?”在这段话中，可以看出子贡对孔子的仰慕之情是多么热烈，他所描述的孔子与我们所习惯的干巴巴的老学究形象又是何等的不同!

---

① 见《说苑》卷十一《善说》，原文是：“子贡见太宰嚭，太宰嚭问曰：‘孔子何如?’对曰：‘臣不足以知之。’太宰曰：‘子不知，何以事之?’对曰：‘惟不知，故事之，夫子其犹大山林也，百姓各足其材焉。’太宰嚭曰：‘子增夫子乎?’对曰：‘夫子不可增也。赐其犹一累壤也，以一累壤增大山，不益其高，且为不知。’太宰嚭曰：‘然则子有所酌也?’对曰：‘天下有大樽而子独不酌焉，不识谁之罪也?’”

鲁迅和其他五四时期的作家们趋向于把中华帝国的没落史，归结于由汉代和汉代以后的“职业儒家学者”把歪曲的伦理道德强加于无知的灵魂之上：

> 总而言之，孔夫子之在中国，是权势者们捧起来的，是那些权势者或想做权势者们的圣人，和一般的民众并无什么关系。然而对于圣庙，那些权势者也不过一时的热心。因为尊孔的时候已经怀着别样的目的，所以目的一达，这器具就无用，如果不达呢，那可更加无用了。
>
> ……
>
> 中国的一般的民众，尤其是所谓愚民，虽称孔子为圣人，却不觉得他是圣人；对于他，是恭谨的，却不亲密。但我想，能像中国的愚民那样，懂得孔夫子的，恐怕世界上是再也没有的了。不错，孔夫子曾经计划过出色的治国的方法，但那都是为了治民众者，即权势者设想的方法，为民众本身的，却一点也没有。这就是“礼不下庶人”。①

① 见鲁迅：《在现代中国的孔夫子》，载《鲁迅全集》，北京：人民文学出版社，1973 年版，卷六《且介亭杂文二集》，第 319 页。

不过，汉代文献讲述了不同的故事，在这个故事里，专业的经典学家和道德家出于不同的动机来确立孔子的典范，使他具有令人惊奇的改变自我和他人的多重角色的特质，这样的特质也使他成为中国人所定义的神。他的支持者们为曾经被忽视的、毁谤的、嘲笑的孔子在文化记忆的神殿里努力争得了一席荣耀之地。

推荐阅读书目

1. Eric Henry, "The Motif of Recognition in Early China," *Harvard Journal of Asiatic Studies* 47, No. 1 (June 1987): 5—30.

2. Françoise Bottéro, "Revisiting the Wen and the Zi: The Great Chinese Characaters Hoax," *Bulletin of the Museum of Far Eastern Antiquities* 74 (2002): 14—33.

3. Benjamin A. Elman, *A Cultural History of Civil Examinations in Late Imperial China* (Berkeley: University of California Press, 2000).

4. 讨论孔子以前的孝道的文章请参见 Michael Nylan, "Individualism and Filial Piety in Han China," *Journal of the American*

Oriental Society 116 (January – March 1996): 1—27; Anne Cheng, "Filial Piety with a Vengeance: The Tension between Rites and Law in the Han," in *Filial Piety in Chinese Thought and History*, edited by Alan K. L. Chan and Sor – boon Tan (London: Routledge Curzon, 2004), 29—43.

5. 以下文章讨论了预兆的解释：Hans Bielenstein, "An Interpretation of the Portents in the Ts'ien Han – shu," *Bulletin of the Museum of Far Eastern Anqiquities* 22 (1950): 127—143; Martin Kern, "Religious Anxiety and Political Interest in Western Han Omen Interpretation: The Case of the Han Wudi Period," *Chūgoku Shigaku zasshi* 10 (2000): 1—31.

6. Lionel M. Jensen, "The Genesis of Kongzi in Ancient Narrative," in *On Sacred Grounds: Culture, Society, Politics, and the Formation of the Cult of Confucius*, edited by Thomas A. Wilson (Cambridge: Harvard University Asia Center, 2002) and *Manufacturing Confucianism* (Durham: Duke university Press, 1997); Nicolas Standaert, "The Jesuits Did Not Manufacture Confucianism," *East Asian Science, Technology, and Medicine* 16 (1999): 115—132.

7. Julia K. Murray, "The Hangzhou Portraits of Confucius and Seventy – two Disciples: Art in the Service of Politics," *Art Bulletin*

74, No. 1 (March 1992): 7—18; "The Temple of Confucius and Pictorial Biographies of the Sage," *Journal of Asian Studies* 5, No. 2 (May 1996): 269—300; "Varied View of the Sage: Illustrated Narratives of the Life of Confucius," in *On Sacred Grounds*, edited by Wilson, 222—264.

第四章

汉至宋传说中的孔圣人

魏伟森

孔子因大道之不行而感到悲伤。上古时代，大道是由君临天下的圣人所施行的。这些圣人皆非常人，具有支配万物的能力。他们洞悉宇宙奥秘，并能激发每个人与生俱来的向善潜能。圣人们宣扬礼仪，认为它符合万物运行规律，因而君王以此敬奉神灵，孝子也以此祭祀祖先。圣人曾经被誉为真正的君王。被推崇的圣王们默默地辅助万物化育，并治理与天地等同的天下：他们维护众生，宽容而慷慨；他们包容万物，崇高而荣耀。

并非人人都拥有完美天赋，然而每个人都可以意识到自己具有这样的潜力。绝大多数人与圣人不同，圣人可以无为而治、在言行中彰显大道，而普通人不得不努力向善，不敢松懈，以免误入歧途。而人们向善的力量渐渐变弱，古代的理想大道就衰落了。人们不再认可圣人，也不再称他为王。所以孔子哀叹于大道之不行。他到处奔波，不知疲倦，试图唤醒世人认识到这个不可估量的损失，并为他们指出向善的正确道路。他所传达的信息是简单的，然而他的说教却被证明是很难付诸实践的。

为了引导同时代的君王们恢复大道，孔子拟定了一个修养计划，该计划记载在《中庸》里。表面上，《中庸》是为继承王位以前的储君在高级教育阶段而作，实际上它构想了一种统治的模式。这种模式所要求达到的，远远不只是维持社会秩序，或者征纳赋税。根据该书，君王必须要追求古代圣王们所达到的成就，即取得支配宇宙万物的力量，来创造治世，为天下百姓带来安定和平。孔子还教导说，君王必须遵循其天赋禀性，深省自己，找到不为情感所影响的内在平静。《中庸》这样写道，当他“尊德性而道问学”，君王就可以“致广大而尽精微”①（《中庸》第二十七章）。当他以正确之道获得内在平静，并使其行为与之相称，那么“天地位焉，万物育焉”（第一章）。遵循这样的修养路径，君王治理天下就能与天地相和谐，其王权就会得到天授。

《中庸》所预想的伦理秩序围绕着一个中心概念：“诚。”

① 本节使用的是《礼记注疏》中的郑玄《中庸》注版本。以下凡是《中庸》的引文部分，只注明其出自《中庸》的第几章。

"诚"字一般翻译为"sincerity",但可能被翻译为"integrity"更恰当些,① 它既表达了一种完整的、没有分割的状态,或者整体性,同时也包含了坚定向善的意义。根据《中庸》,圣人具有最崇高形式的完美,为"诚者",而且不需要依赖任何外在力量,可以完全实现天赋之善性。圣人通过"合外内之道",释放来自"诚"的道德力量,让所有人实现其天赋本性,从而替天行道。按照传说,只有圣人是生而为"诚者",其他人都必须顺从"人道",通过不倦的学习才能成为"诚之者"。

虽然《中庸》明显带有孔子死后数世纪的时代印迹,它在明清时代被普遍认为是由孔子之孙子思(孔伋)所记载的孔子言论。在汉代,《中庸》被收入"五经"之一的仪礼巨著《礼记》。直到宋代(公元960—1279年),它才与《大学》(也是来自《礼记》)、《论语》和《孟子》一起,成为儒家经典的"四书",并逐渐占据了中心地位。从宋到清(公元1616—1911年),儒家认为这些著作是关于古代圣人传承大道的最纯粹表述。虽然"四书"从来没有取代"五经",但是它们早在公元

① 人可以是真诚而又欺妄的,或者自私的。诚(integrity),要求更高的行为标准。从词义上,它与"一""全"相通,正如"整数"(integer)这个词中所包含的意义。

15 世纪的时候就成为科举考试内容（参见第五章）。撇开现代语言学家们对孔子言论史实的考虑，本章试图重现另一个形象，即作为权威的孔子，亦可称为“经典孔子”的声音。“经典孔子”的权威话语被虔诚地记录在《中庸》中，郑玄（公元127—200 年）和朱熹（公元 1130—1200 年）也费尽苦心地为其作注。因而在中华帝国历史的最后六百年中，在明清时代官学和私立书院中，可以在通行版的《中庸》里看到孔子的形象，这位“经典孔子”占据了所有饱学“五经四书”之士的想象世界。

《中庸》及其注

我们今天所看到的《中庸》文本，累积了历代多重校注。刻写于古典文本行间的注，已经成为研究经典本身不可或缺的一部分。学生与研究者们，还有现代翻译者们都利用这些注来理解经典。作注者汲取和参考前注，他们常常在注解中大段地援引前人。不过，在阐明经典含义时，他们也在注中加入自己对经典的规范解释。因而，一部“注”既是一种理解经典的必要工具，同时又像一面棱镜，通过它，我们现在可以辨别历史上某一特定时代的学者是如何阐释一部经典著作的。对一部特定经典著作不同注的比较，开启了对该文本，以及经典注疏传统做出可能诠释的理论地平线。

本章试图通过两部最重要的注来分析《中庸》。这两部注在时间上相隔一千年。一部作于公元2世纪，另一部作于公元12世纪。它们表明，随着时间的流逝，学者对文本的观点如何发生了改变，并产生了明显不同的见解。虽然两部《中庸》注的解释并非完全不一致，但是它们显示了，一个权威文本的含义既非单一的，也不是静止的。通过不同的注来研究《中庸》也阐明：依据变化的历史语境，一部权威著作可以获得新的含义，产生不同的，有时甚至是相互对立的解释。一部经典著作可以包容一系列明显不同的异文，也许是决定任何经典传统能够长期存在的最重要特征。

一位东汉（公元25—220年）末年博学的古典学者郑玄为《礼记正义》中的《中庸》篇作注，这是关于《中庸》的最具影响力的注之一，也是“五经”注汇编的一部分。数世纪后，唐朝（公元618—907年）把郑玄的中庸注作为王朝标准本，分发给培训学生通过科举考试的国子监等官学。郑玄的注还被刻于石碑上，立于长安国子监太学门外，以示其权威性。当宋王朝在12世纪迁都临安（今杭州）的时候，也刻了同样的石碑。郑玄中庸注的部分内容一直保存到18世纪，当时的清朝大学士们对它进行了重新整理并编入一套新的《十三经注疏》，迄今为止，《十三经注疏》一直是儒家经典文献的标准。

郑玄时代的中国是一个处于崩溃边缘的帝国。秦朝（公元前221—前206）是一个短寿王朝，在其政治基础上建立起来的汉王朝实行郡县制，它对先秦的世袭贵族分封制做了一些改变。个人才干在朝廷任命中变得越来越重要，这逐渐减少了古代贵族阶层在朝廷的影响，由新的权力世族组成的联盟开始在朝廷发挥更大影响。汉朝的开国皇帝掌握政权，很大程度上要得益于其宗亲和将领们，他也用丰厚的领地来回馈他们。如此一来的一个现实结果是，这些领地不可避免地成为对抗帝国权威的发源地。在半个世纪中央王朝集权统治的战略性扩张后，这些领地（包括那些藩王领地）都实际上被削弱了。汉帝国地域辽阔，生活着具有不同民族背景、操多种方言的人群。这些不同地区和人群，勉强统一在共同的官方文书书写系统之下。汉朝皇帝被谏臣们催促着，通过竭力仿效经典文本（如《中庸》中所推崇的圣王），来统一治理这个非常复杂的帝国。

郑玄之后的一千年，朱熹为当时称为“四书”的儒家经典作了《四书章句集注》。朱熹把自己的道统追溯到北宋（公元960—1127年）的几位儒家诸子，认为他们懂得已经失传了1400年之久的、包含在《中庸》中的孔子之“道”。通过这样的方式，朱熹绕过了自汉到唐的注疏传统，并认为那些“注”不能传递古代之“道”。《中庸》对人之本性和自我修养的形而上学探索，使朱熹认为它是儒家经典著作中最深奥难解的一部。

顾虑到他的学生不能正确地理解这部经典的深刻含义，朱熹建议他们，只有在掌握了“四书”的其他三部著作之后才能来学习它。虽然朱熹很多时候依靠郑玄的注来理解《中庸》诸多章节的确切含义，但是在一些关键的地方，他却没有依从郑玄的注解，而是认为郑玄和其他古代的作注者都没有领会孔圣人意味深长的寓意。公元 14 世纪，朝廷首先要求朱熹讲解“四书”，到了 15 世纪，明朝把《四书章句集注》定为科举考试的核心科目。此后直到 19 世纪，朱熹的《四书章句集注》一直是研习古代经典的权威著作。

朱熹时代的中国社会在很多重要方面都和郑玄所处的时代大不相同。人口几乎增加了一倍，从黄河沿岸和东北部向东南沿海地区以及西南内陆扩展。在唐朝时还主要是行政中心的城市，到宋朝时已经发展成活跃的商业地区。在那里，纸币在世界上第一个货币经济中流通着。沿着内陆丝绸之路的贸易仍然如一千多年前一样繁荣。早在 8 世纪开始的与印度和阿拉伯商人的海上贸易，也在朱熹时代更加兴旺，这比 1488 年葡萄牙船只绕过非洲好望角要早得多。佛教，最初是沿着内陆与海上商贸路线而介绍到中国，到宋朝时，它给当时社会各阶层的宗教生活带来了深刻影响。现存最早的书雕印于公元 868 年，是一部佛经。到 10 世纪时，新兴统治精英填补了由衰落的世袭贵族所留下的政治空间——那些贵族曾经占据了自汉至唐的朝廷和社会统治地位。新的宋代精英，一般被称为“士大夫”，他们在基于儒家经典的科举考试中享受着特权。古典教育重要性的不断增加，为宋代大规模的书籍印刷和私立书院的出现与发展带来了新的动力。大部分书院辅助年轻学子参加科举考试，但是也有许多成为古代经典的学术中心。在那里，古代经典得到了重新阐释，使其与新兴的、非世袭精英阶层息息相关。这一儒学的复兴产生了几种思想学派，聚集在如朱熹这样的著名儒学大师周围。这些大师们传授各有特色的哲学主张，吸引了数量众多的门人。尽管出现了这些重要的历史变化，朱熹所处的宋代，与孔子的春秋末年和郑玄的东汉时代一样，都已接近政权崩溃的边缘。

郑玄和朱熹对《中庸》的理解在几个方面有所不同。在此先谈谈两个基本的理解差异：《中庸》书名和所面向的读者。对郑玄来说，《中庸》探讨的是“致中和”。根据《中庸》首章，一个人要遵循“道”，必须谨防自己不易觉察的缺点，控制自己潜藏的情感，保持平衡的状态。这样，他在与别人交流中所表达的感情就是适当的。郑玄对《中庸》书名的理解也许可以翻译为“中和的实用”。朱熹则强调在两种错误的极端之间保持不变的，或者持久稳定的中庸之道。

郑玄相信《中庸》本来是写给国君或者周代诸侯王的。尽管如此，他仍然坚持认为，它的教导适用于他自己所处时代的王朝统治者。因而郑玄把希望寄托在渴望效仿古人、有德行的君王身上。朱熹却与之相反，他清楚地解释，“君子之道”是一种训诫，适用于像他这样的士大夫，无论升迁罢免，都应在当地树立道德权威。朱熹所说的“君子之道”，可以指导那些遵循孔子之道、致力于服务社会的士大夫，他们或者以文臣身份致力于辅佐君王大业，或者身体力行“道”，成为社会道德模范。

为了理解《中庸》注在古典文本中所产生的新意义，本章以下部分参照这两部主要的注来对《中庸》进行解读。在下一节的探讨中，当任何《中庸》原文语句含糊不清的时候，我会依据郑玄注和他的语汇。因为郑玄认为《中庸》是为君王所作，所以关键词“君子”所指为“君王”。再下一节，我将按照朱熹注来解读《中庸》，“君子”指“理想的士大夫”，这样能表达朱熹对文人追求道德完善的看法。关于朱熹的一节，将专门探讨他与郑玄所作注的主要不同观点。

郑玄与“中”“和”的实践①

君子之道

郑玄认为，《中庸》是关于修身养性的文本，孔子以其劝诫君王成为像古代圣王那样完善的人。为达到这一目标，君王必须下决心坚持中庸之道，不能有丝毫松懈，从而达到内在的平衡，并使其行为合乎正义。如果他选择了这条道路，那么他才可以真正担起君王的责任：助天地滋养万物，以尽其性；唯有此，道才能大行于世。《中庸》篇首就开宗明义，强调人有与生俱来的向善潜能，一个无名的叙述者这样宣告说：“天命之谓性。”背离人的自然本性，哪怕只是短暂的一瞬，也是违背了“道”。郑玄通过显示特定天赋之物如何产生特别的性格，来详述天命之性的意义，“木神则仁，金神则义，火神则礼，水神则信，土神则知”，即以五德配于五行。

孔子——也就是在《中庸》里的“子”，感叹道：“唉，大道不得其行啊！”他说，凡人不接受中庸，因为他们没有知耻之心。智者自以为了解中庸，但实际上做“过”了。愚人也认

---

① 本节依据的文本是《礼记注疏》中的《中庸》郑玄注。

为他知道中庸，但是其行为总是“不及”。“中庸其至矣乎!”孔子这样赞叹中庸之道的完美。但是，他又接着说，只有少数的统治精英，能长久坚持追求这样的完美道德，普通百姓就更不用说了，因为他们没有遵循天命之性。在《论语·雍也篇第六》中，孔子也说过一段十分相似的话，“中庸之为德也，其至矣乎！民鲜久矣”。在诸如《论语》这样的经典著作中，孔子关于中庸之道的一贯阐述，使他在中国封建王朝时代的读者心中，确立了一个卓越的、贤哲的圣人形象，也确立了其说教的权威地位。

为了向绝大多数人显示追求中庸之道的基本境界，孔子把他最勤奋的门人颜回，与古代善于运用宇宙力量来创造完美统治的圣王舜做比较。孔子说，因为舜“好问而好察迩言，隐恶而扬善，执其两端，用其中于民”（第六章），所以舜是有“大智”之人，他可以称得上圣人，他的身上具有天赋的圣人本性。与他相对照，颜回乐道，而且坚持不懈，因而颜回几乎是美德的典型。孔子说，颜回选择了中庸之道，体会到它的善处，就铭记在心中，并努力地实践它，再也不让它失去（第八章）。他也警告说，人们不能长久坚持中庸之道。鉴于此，孔子教导称，君子要达到完善的境地，必须要努力仿效颜回择善的决心，只有这样，才是遵循“君子之道”。

掌握中庸之道，需要道德意志的力量，这比用武力统一天下要困难得多。在回答一位门人关于“强”的问题时，孔子区分了两类人，一类是“强”者（勇者），他们与剑盾相伴而眠，无惧于死；另一类是“君子”，他们温和地劝诫下属，从不睚眦必报。为了引导门人正确认识“强”，孔子说，“君子”与人和平相处而又不丧失自己的原则立场，恪守中庸之道而不偏不倚，这才是真正的“强”，而且无论大道是否通行于世，仍然坚持不变（第十章）。孔子又说，徒有虚名的“素隐行怪”（求隐僻之理，做怪异之行）之人，在遇到麻烦的时候，会很快放弃大道。而“君子”依循中庸大道，不计名利，即使不为人知，也不后悔，这只有圣人才能做得到（第十一章）。

在《中庸》里，孔子阐明“君子之道”可以被广泛地实践，但是它十分微妙。一个头脑简单的人也许只能领会一二，并有限地实践之。孔子也承认，对中庸之道的精微深妙之处，他亦不能窥其堂奥（第十二章），但是它并非远离现实的经验。“伐柯伐柯，其则不远”，孔子引用《诗经·伐柯》的诗句来说明，中庸之道是在容易辨别的日常生活原型中发展形成的，但是要履行对别人的义务常常是很困难的。比如，孔子承认，他期待儿子关心照顾自己，但是他自身却没有尽到照顾自己父亲的责任。依此类推，他觉得他无法用自己所期望的方式来对待君王、兄长和朋友，所以一个人必须要心存警惕。孔子说，自己在日常行为中如果有做得不够的地方，不敢不勉力去做；有多余的言论，也不敢说尽（第十三章）。

一个人完全实现天赋禀性的能力，依赖于他的决心，而不是外物。为了证明人可以用内在的力量来追求目标，孔子把这个问题与人的外在技能相联系。他把君王追求修身目标与射箭相联系：如果射手不能射中目标，他会立即从自身找原因（第十四章）。孟子也说过相似的话："仁者如射。射者正己而后发；发而不中，不怨胜己者，反求诸己而已矣。"（《孟子·公孙丑上》）一位诚实的射手形象正好体现了完善自我所必需的品质。这样的形象也出现在其他经典文献中，如《礼记·射义》，还有《诗经》中的不少篇章，如《小雅·宾之初筵》。孔子还强调，完全实践"道"的可能性存在于人自身，只要一个人选择这样的追求，并毫不懈怠，就好像出门远行，必始于家；攀登高峰，必始于山下（第十五章）。成功地遵循"君子之道"，要求一个人择善而从，而且以坚定的决心毫不松懈，同时对自己的不足心存警惕，这样才能达到崇高的中庸之道的境界。

祖灵的无限道德力量

根据郑玄的注，《中庸》强调，君王与他人的日常交流，是"善"的方法之一，也是君王实践"善"的手段。《中庸》文字里接下去的几个段落，把君王修养、君权天授和孝敬先祖交织成一个错综复杂的宇宙网络，并通过这一网络来探讨人类的善与道德行为。这些段落强调，崇敬祖先是达到自身完善目标的必要途径，这是经典著作中对此做出的最为清晰的解释之一。祭祀祖先的仪式并不仅仅是先验的孝的结果，同样也吸引所有人择善，深不可测的祖先神灵能坚定他们向善的决心。一个人在祭祀之前所执行的斋戒仪式，成为一系列修养方法之一。它从一个人所敬奉的目标——先祖身上受到鼓舞。先祖对我们来说，既不是外在的，因为我们承继了他们的“气”；也不是内在的，因为先祖在物质形态上与我们是不同的。

像舜这样的圣人不需要外在的引导，甚至是预先的思考，就可以正确无误地达到中庸之道。不过，对于凡人来说，其他激发灵感的来源则是必要的。根据《中庸》，这些来源中最重要的，是引导我们行善的深不可测的神灵。孔子感叹道：“鬼神之为德，其盛矣乎！”他说，虽然鬼神看也看不见，听也听不着，但是他们生养万物而不有所遗，使天下之人都斋戒净心，穿着庄重的服装去祭祀他们（第十六章）。这正如郑玄所说，“万物无不以鬼神之气生也”。先祖的神灵是我们的一部分，因为他们使我们生于人间，而他们的气流动在我们的身体里。

包含在《礼记》里的其他两段文本，进一步说明了祭祀的重要性和意义。《祭统》解释说，对先祖的祭祀表达了孝者内心的情感。孝子祭祖，并非假借外来之物，而是出于内心。他怀着怵惕之心，行祭祀之礼。在《祭统》中，还解释了孝子如何通过斋戒净化自身，从而与祖灵感应。到了要斋净的时候，孝子绝对不能做禁忌之事，也要特别限制自己的嗜欲……如果心无杂念，所思所想必然合乎正道；如果手足不乱动，一举一动必然合乎规矩。所以君子的斋净，就是为了使意念精诚……斋净可以使意念达到最专一精诚的状态，然后孝子可以和神明相互感应。①

作为孝子，君子在斋净仪式的时候，一直默想着祖先。如果他全神贯注于礼仪，他就会见到先祖，一如他们从前活着的样子。《礼记》的另一篇《祭义》这样详细地描述了孝子斋净和行祭礼时，与祖灵相通的凝神状态：斋净之日，孝子在心中默想着先祖，想他们的日常起居和音容笑貌，想他们生前的心愿意志，也想他们所乐之事和所好之物。这样清净身心三天后，孝子就能见到去世的先祖了……到了祭祀的那天，进入行祭的家庙，仿佛看见先祖就坐在那里。祭祀结束，走出门去，又好像听到他们说话的声音。在门外仔细倾听，似乎能听到有叹息

① 《礼记·祭统第二十五》："及其将齐〔斋〕也，防其邪物，讫其嗜欲……心不苟虑，必依于道。手足不苟动，必依于礼。是故君子之齐〔斋〕也，专致其精明之德也……齐〔斋〕者精明之至也，然后可以交于神明也。"

的声音。①

在《中庸》里，孔子继续讨论鬼神："洋洋乎，如在其上，如在其左右。《诗》曰：'神之格思，不可度思，矧可射思!'夫微之显，诚之不可掩。"（第十六章）孔子用《诗经》的诗句来告诫人们，要礼拜神明，尊敬神明，因为我们无法得知神明何时会降临人世。上天在人类出生的时候就赋予了他们善的本性，但是要实践它，需要时刻有超凡的决心。这通常发生在人们与朋友、家人、伴侣的日常交往中，但是深不可测的神明降临也能激发超凡的决心。它产生了"诚"，一种可以克服所有障碍，并且使人能够完全实现天赋禀性的内在品格。

圣君舜最完美地体现了天赋禀性的自我实现。孔子这样赞叹道，"舜其大孝也欤？德为圣人，尊为天子……宗庙飨之，子孙保之……故大者必授命"（第十七章）。他接着讲到周王继承祖先之礼仪，所以从来没有担心所授天命的延续，所谓"父作之，子述之"（第十八章）。在此，孔子同样地把"孝"与继承祖先之礼制直接联系在一起。在《论语·里仁篇》中，孔子这样说道："三年无改于父之道，可谓孝矣。"这样一致性的观

---

① 《礼记·祭义第二十四》："齐〔斋〕之日，思其居处，思其笑语，思其志意，思其所乐，思其所嗜，齐〔斋〕三日乃见其所为齐〔斋〕者……祭之日，入室僾然必有见乎其位，周还出户，肃然必有闻乎其容声，出户而听，忾然必有闻乎其叹息之声。"

点，又一次印证了在多部儒家经典著作中显示的超凡的孔子形象。

虽然“孝”这一个概念，常常被象征性地解释为对活着的父母虔诚的爱，在《中庸》里，孔子则几乎全部将其解释为对一个人漫长的家族谱系中杰出先祖的敬奉。他反复地把先祖的世界与现世并论，并使它们相连在重叠的部分，来减少它们之间的障碍——否则那些障碍会把它们全然隔开。生者能见到并敬奉死者，需要有极其敏锐的感知能力，这是通过虔心斋戒才能达到的，同时这一超验的能力也标志着他达到了“孝”的最高形式。孔子进一步阐明什么是“孝”：“夫孝者，善继人之志，善述人之事者也。春秋，修其祖庙，陈其宗器，设其裳衣，荐其时食”（第十九章）。

分别鬼神等级秩序的礼仪，把生者按高低贵贱来区分。孔子说：“宗庙祭祀之礼，要区别父子牌位次序；按官爵高低排列次序，是为了区分尊卑；按祭祀职责大小排列次序，是为了分辨贤愚；敬酒以长幼的次序，使宗庙之事荣及晚辈；宴饮时按年龄大小来决定座次，这样就能秩序井然。供奉祖先牌位，执行祭祀礼节，演奏祭祀音乐。恭敬先王所尊之祖，仁爱先王所亲子民。虽然先王已死，对待他如同其生前；即使先王已故，仍如其活着一般敬奉。这才是至孝。”（第十九章）君王用孝敬活着的父母之心来敬奉先祖，做到至孝，从而实现了人类所能

达到的完美境界。孔子在《孝经》中也说过这样一段相似的话："孝莫大于严父，严父莫大于配天。"（《圣治章第九》）

治国的艺术

根据《中庸》的见解，治理国家是要努力使"道"大行于世，在这个理想社会里，所有生物都能实现其天赋禀性。要达到这样的理想社会，君王必须坚守中庸之道，意志坚定，毫不松懈，以其内心之"诚"使言行一致，举止得体，并扩展其孝敬父母和先祖之心以泽被天下之人。的确，《中庸》里讨论治国方略，目的是保持天下的长治久安。但是，如果就此把它归结为最主要的世俗生活，就会忽视了其他的多重意义。事实上，社会的、政治的、伦理的，以及宗教的活动常常是交叉重叠的。农田耕作，人与人的交流，或者治理国家，这些都是看似世俗的活动。如果认为它们可以从宗教活动中分离出来，那更像是18 世纪启蒙运动的观点，而不是《中庸》所构想的世界。把这种世俗的观点带到该文本分析中，就很可能会导致纹理丰富的生活被剥离，而在那样的生活里，并没有证据显示世俗与宗教的世界是彼此分隔的。与朱熹的观点相比，欧洲的启蒙运动话语所缺失的，是上天与祖先的重要性。早期儒家的一个最有意思的观点是把启蒙运动家们所区分的世俗与神圣的世界合二为一。

《中庸》里的孔子指出，理解祭祖与祭祀昊天上帝，是理解治理天下的前提。他说："郊社之礼，是用来祭祀昊天上帝的。宗庙之礼，是用来祭祀先祖的。只要明白了祭祀天地的礼仪，明白了举行盛大祭祀礼仪的含义，要治理好国家就像指着自己的手掌那样毫不费力。"（第十九章）只有"诚其意""致中和"的人，才能具有控制宇宙的力量，因为通过他的自我修养，天地将归其位，万物也会繁荣昌盛。君王能否成功遵循中庸之道，取决于他是否"诚其意""致中和"，以及推己及人、仁及天下的能力。

为保证君子之治泽及普天之下所有臣民，并且代代相传，绵延不绝，孔子说，君王必须对待其臣民如家人，明智地择贤而用，被选拔者必须是追求中庸之道的贤人。他们"修道以仁"，并推仁于他人。在《中庸》中反复提到了影响每个人最重要的五种关系（即五伦或者五常），无论其尊卑贵贱如何：君臣、父子、夫妇、兄弟和朋友。这些人伦关系的重要性，知（智）者生而知之，并游刃有余地处理好它们。仁者学而知之，且行为得体，因为他明白自己必能从中受益。勇者困而知之，需要经过相当的努力才能够正确对待。所以孔子说："或生而知之，或学而知之，或困而知之，及其知之，一也。"（第二十章）

为了阐明中庸之道由内及外的原则，孔子这样说："知所以修身，则知所以治人。"然后他列举了叫作"九经"的一系列准则①，当君王遵从这些规则，就会创造出孔子眼中的乌托邦。这些规则从君王那里传播到王侯、公卿、大夫，再到农人和百工这样的普通民众。君王必须首先修身，为此，他在向鬼神祭祀以前，“齐明盛服，并礼不动”（第二十章）。君王对神灵和祖先所履行的宗教职责，是人类社会实现“道”之“九经”的第一步。除此以外，君王还要维持与他的家人、臣子、士人的和睦关系，重用贤人，爱民如子，怀柔远人。这样，百姓就会归附他，世人都会敬畏他。

君王的修身为治国之术奠定了道德基础。他必须从自己的修身入手，这样才能让其他的“九经”原则逐一落实，最终使中庸之道大行于天下。“九经”的内容有着顺序上的关联，每一个阶段的成功都必须以前一阶段的成功为前提。君王不但将因他自己的修身养性而受益，而且其积极的影响以他本人为中心，向周围传播，最终影响到整个世界。一旦君王自己认识到“诚”，他就会与家人和睦相处，取信于朋友，而他的臣下则可以下情上达。只有这样，他才能作为一个真正的君子，拱手而治天下。

---

① 见《中庸》第二十章之五：“凡为天下国家有九经，曰：修身也，尊贤也，亲亲也，敬大臣也，体群臣也，子庶民也，来百工也，柔远人也，怀诸侯也。”这里的“九经”不是指九种经典。

诚、圣人与天道

“诚”是《中庸》全文中最重要的概念之一。《中庸》辨别了“天道”与“人道”，认为前者的典型是生而有“诚”的圣人；后者是指所有生而非圣的普通人，他们必须学而得其“诚”。一个无名的声音这样说道：“诚者，天之道也；诚之者，人之道也。”郑玄在对这段话的注中这样解释说：“言诚者，天性也；诚之者，学而诚之者也。”

这个无名的声音在《中庸》里继续说道：“诚者，不勉而中，不思而得。从容中道，圣人也。诚之者，择善而固执之者也。”也就是说，一位生而有“诚”的人，不需要反复思考就可以自然而然地得到中庸之道。这样的人就是无为而得道的圣人，舜就是这样杰出的代表。一般人为了达到“诚”，则需要像孔子的门人颜回那样，“择善而固执”，“博学之，审问之，慎思之，明辨之，笃行之。有弗学，学之弗能弗措也。有弗问，问之弗知弗措也。有弗思，思之弗得弗措也。有弗辨，辨之弗明弗措也。有弗行，行之弗笃弗措也。人一能之，己百之；人十能之，己千之。果能此道矣，虽愚必明，虽柔必强”。《中庸》里所说的“学习”，并非指获取事实或者积累信息。学习，意味着通过仿效圣人，来达到对完善道德的追求。虽然圣人自古以来超出凡人之上，但是凡人可以通过学习而达到道德的完美，即使是愚笨的人也变得明智，柔弱的人也变得坚强。（第

二十章）

用这样一个无名的声音来谈论“诚”的概念，有助于对《中庸》文本的观点做关键性的、即使有点微妙的转换。自此以下的《中庸》段落，更多谈论圣人，而少提及君王。而且文中“君子”出现的地方，郑玄常常在他的注中解释为圣人。更重要的是，经典的孔子占据了《中庸》的前半部分，似乎它的确是孔子在谒见一位圣人的真实记录。而其实从文本的中间以下，孔子只说了三次话。在文本后半部，孔子的相对沉默并没有减低他的声望。相反地，他成为文本最主要的崇拜对象。郑玄和朱熹都认为，《中庸》的后半部是孔子作为圣人的宣言。这样的观点预设了《中庸》戏剧性的结论——明确地把孔子推崇为圣人和古代圣工道统的继承者。

孔子在中国历史上一直备受争议。多数早期文献都认为圣人们对天地的神秘运行具有深刻洞察力，并且设想了使人类生活与自然相和谐的途径。最早的圣人们教给人们如何造屋、耕作和驯养牲畜。圣人还从《易经》中推演出八卦之变化，并制定了礼乐。《论语》与《中庸》都同样谈到了圣人天定的观点。一个人生而为圣人，是因为上天厚爱他，让他具有圣人的禀赋，这样的禀赋是无法通过努力而得到的。在《论语·子罕》中孔子说，上天曾垂范于他。但是与圣王舜不同的是，孔子传播他深刻的思想时总是受到阻碍，而且从来没有登上过王位。虽然

如此，孟子还是宣称孔子的成就超过了那些古代的圣王们："自有生民以来，未有孔子也。"（《孟子·公孙丑上》）

《中庸》继续讨论"诚"，区分生而有"诚"的圣人和学而得其"诚"的贤人。"自诚明谓之性。自明诚谓之教。"郑玄在注中这样解释道："由至诚而有明德，是圣人之性者也。由明德而有至诚，是贤人学以知之也。"（第二十一章）"性"，根据郑玄的注，不是指普遍的、人所固有的"人性"，而是指只有圣人才会天生具有的"至诚"。然而，贤人虽然具有圣人那样实现自己天赋禀性的能力，"至诚"并不是他的天性之一，他必须通过坚持不懈地向圣人学习来获得。郑玄因此把圣人推举到"助天地之化生"的崇高地位。君王亦随其后。

古代的大儒们对于人性的观点是不同的。《论语》中的孔子说，人生下来的时候都是一样的，只是后天的环境改变了他们（《论语·阳货篇》）。然而孟子认为，普遍的、善的本性被习惯看法或者不当的修养所败坏。① 荀子讨论了一种单一的、普遍的，但是有缺陷的人类本性，他说，正是这样有缺陷的本性，让人们在追求满足私欲时产生了恶与争斗（见《荀子·性

① 见《孟子·告子上》。

恶篇》)。① 郑玄认为，不存在所有的人都共有的单一、普遍的人性，但是人的本性显示了不同的层次。

《中庸》继续论述道，只有天下至诚之人，才能实现其天赋本性。如果他个人能实现其天赋本性，就能使他人实现其本性；能使他人实现其本性，就能使万物实现其本性；能使万物实现其本性，就可以赞助天地化育万物；能赞助天地化育万物，就可以与天地并列为三了。② 在继续讨论生而有“诚”的圣人，与学而得其“诚”的贤人之差异时，《中庸》谈到一个人从小事做起，见微知著，坚持不懈，从而达到“诚”，并能影响别人，使他们也转变为贤人。那些“至诚”之圣人，可以未卜先知，因为他们知道，“国家将兴，必有祯祥。国家将亡，必有妖孽……故至诚如神”（第二十四章)。次于圣人一等的贤人，则必须穷究事理，以达到“诚”。“诚于中”，就会从外面表现出来，并越来越显著，发扬光大，乃至于感化他人，最终化育

---

① 见《荀子·性恶篇》。荀子所说的恶，不是原罪的意思，它指的是不完美的人性。

② 《中庸》第二十一、二十二章：“自诚明，谓之性。自明诚，谓之教。诚则明矣；明则诚矣。唯天下至诚为能尽其性；能尽其性，则能尽人之性；能尽人之性，则能尽物之性；能尽物之性，则可以赞天地之化育；可以赞天地之化育，则可以与天地参矣。”

万物。只有天下至诚之人，才能化育万物。① 也就是说，郑玄与其他早期注疏者证实了这样大胆的断言：圣人，如神灵一样，能预知国家的命运。他特别举例说明，达到“至诚”的人确实可以预言王朝的兴衰。

正如“诚者，自成也；而道，自道也”所说，这样的“诚者”和“道”都是自足的，因而能够实现其善之禀赋，而不需要有意识的努力或者外部援助。尽管“诚者”具有实现其善之天性的能力，他必须超越其自身的局限性，“诚者，物之终始，不诚无物。是故君子诚之为贵”。君王视“诚”为可以实现于自身的高尚目标。诚，并不是止于自我完善，而是要用它来成就万物。自我完善是仁，成就万物是智。仁和智是本性之美德，是融合自身与外物的准则，所以任何时候施行都是适宜的（第二十五章）。“诚者”帮助所有生物实现其天赋潜能，并以此与它们建立了深刻的联系。通过这样的努力，消除了自己与外物的界限。据此看来，圣人具有令人敬畏的能力，君王必须努力仿效圣人，才能受天命而治天下。

顺着这个形而上的宇宙论的脉络，《中庸》阐明了一个“至诚”之人所应追求的高远目标：“至诚”是没有止息的。没

---

① 《中庸》第三十一章：“其次致曲，曲能有诚，诚则形，形则著，著则明，明则动，动则变，变则化，唯天下至诚为能化。”

有止息，才能保持长久；保持长久，才能看到效验；有了效验，才能影响悠远；影响悠远就会广博深厚；广博深厚就能提升到高明的境界（第二十六章）。“至诚”之人被视为与天地相齐，因为他像地一样宽广慷慨，并承载万物；他也像天一样崇高辉煌，可以覆盖一切。他不必表现而能彰明自身，不必行动而能变化万物，不必有所作为而能自然成就万物。① 正如天地化育万物的影响既深刻又不可知，圣人也是无为而治，悄然滋养周围的人或物而不被他们察觉。“大哉，圣人之道！洋洋乎，发育万物，峻极于天！优优大哉！礼仪三百，威仪三千，待其人而后行……故君子尊德性而道问学，致广大而尽精微，极高明而道中庸。”（第二十七章）如果君王没有崇高的德行，还没达到至诚的地步，就无法实施圣人之礼，并无法修成至高无上的大道。因此，君王尊崇道德修养而追求学问，达到广博境界而又钻研精微之处，洞察一切而又奉行中庸之道。

在《中庸》的这段文字中，孔子打断了无名的叙述者关于“诚”的长篇大论。紧接其后是一段对话。孔子警告说，灾难一定会降临到那些“愚昧而刚愎自用，卑贱而好专断。生于当

---

① 《中庸》第二十六章：“如此者，不见而章，不动而变，无为而成。”

今之世，却想回到古代去的人”①。

那个无名的声音也附和孔子的观点。听起来似乎二者之间展开了一场热烈的对话。孔子说，如果统治者不具其德，或者圣人不在王位，都无法制礼作乐。“虽有其位，苟无其德，不敢作礼乐焉。虽有其德，苟无其位，亦不敢作礼乐焉。”作注者郑玄也加入了这场对话。他这样注解说：“言作礼乐者，必圣人在天子之位。”也就是说，只有像舜这样的圣王才具有制礼作乐的资格和品质。

认识到他只能遵循先王制定的礼仪，孔子答复说：“我在解释夏的礼法时，由于年代久远，其礼法已经无传，而夏的后裔杞国也不足以验证它。殷朝的礼制，仍然可以从殷的后裔所建之宋国观摩到，因为它还残存着。而周朝的礼制，仍行于世，所以我遵从周礼。”② 孔子在《论语·八佾第九》中的一段话，与这段话十分相似。

> 子曰：“夏礼，吾能言之，杞不足征也；殷礼，吾能言之，宋不足征也。文献不足故也。足，则吾能

---

① 《中庸》第二十八章：“子曰：‘愚而好自用；贱而好自专；生乎今之世，反古之道；如此者，灾及其身者也。’”

② 《中庸》第二十八章：“子曰：‘吾说夏礼，杞不足征也。吾学殷礼，有宋存焉。吾学周礼，今用之，吾从周。’”

征之矣。”

在上述对话中，无名的声音又继续说道：“君王虽称完善，但如果没有表现出来，就不能取信于人；不能取信于人，百姓就不会听从他。”① 也就是说，正确的统治之道取决于君王个人对善的追求，而且他必须在一言一行中显示出来，才能取信于民。“所以君子治理天下，应以自身德行为根本，并验证于百姓。考证夏、商、周三代先王之法而没有悖谬，立于天地之间而不悖乱，质问鬼神而问心无愧，百代之后，等到圣人出现就有不解之处……所以，君子的举止世世代代成为天下的榜样，其行为世世代代成为天下的法度，其言语世世代代成为天下的准则。”②

孔子的神化

《中庸》的最后一段把孔子描述为具有“至诚”的圣人，而且获得了使万物实现其天赋潜能的力量，《中庸》的文本一

---

① 《中庸》第二十九章：“上焉者虽善无征；无征不信；不信民弗从。下焉者虽善不尊；不尊不信；不信民弗从。故君子之道本诸身，征诸度民。”

② 《中庸》第二十九章：“故君子之道，本诸身，征诸庶民，考诸三王而不缪，建诸天地而不悖，质诸鬼神而无疑，百世以俟圣人而不惑。……是故君子动而世为天下道，行而世为天下法，言而世为天下则。”

直在不断重复这样的主题。《中庸》里那个无名的声音这样赞美孔子："他效法古代的明君尧、舜，并以周文王、周武王为法则，上遵循天时，下依照地理，就如天地承载万物，涵盖一切。又好像四季的循环，日夜的交替。"① 郑玄解释说，孔子"祖述尧、舜之道而制《春秋》"，为汉代建立制度。他引用了孔子自己的话，"吾志在《春秋》"②。郑玄与其他汉代学者认为，《春秋》才是孔子最杰出的成就，而不是由他的门人及追随者所编撰的《论语》。《春秋》也成为汉代制度的基石。汉代学者们解读《春秋》，是以《公羊传》为基础。《公羊传》认为，孔子以古代圣王为崇高法则，谴责了当时统治者违背圣王之道与礼乐制度的行为。

《中庸》里那个无名的声音又继续强调："只有天下最崇高的圣人，才是最聪明、最智慧的，他有足够的能力处在上位而治理天下。"（第三十一章）郑玄作注说："德不如此，不可以君天下也。"然后，他明白说出了这段文字的要点所在："盖伤孔子有其德，而无其命。"虽然君王居治理天下之位，但是他

---

① 《中庸》第三十章："仲尼祖述尧、舜，宪章文、武；上律天时，下袭水土。辟如天地之无不持载，无不覆帱，辟如四时之错行，如日月之代明。"

② 《春秋公羊经传解诂序》："昔者孔子有云：'吾志在《春秋》，行在孝经。'"

必须具备美德，才能用道德的权威来取信于民。而在孔子的时代，没有天命的圣人在位，真正以礼乐制度治理天下的道德权威就掌握在孔子——这位“素王”的手中。前面第三章已经专门做了讨论。

为了反复重申“至圣孔子”对世界的深刻影响，《中庸》里那个无名的声音继续这样热烈地赞美圣人：“他的德性广博如天，他的修养深厚如渊。百姓见到他，没有不敬佩的；他的言辞，百姓没有不信服的；他的行为，百姓没有不乐见的。所以，他美好的名声在中原之国广泛流传，并且传播到边远的少数民族地区。凡是车船能至、人力可达、天地所涵盖的地方，或者日月照耀、霜露降落的地方，凡有血气的生物，没有不尊重和不亲近他的，所以说圣人的美德能与天相匹配。”（第三十一章）只有“至诚”之人汲取了深邃的智慧，才能达到上述的境界。

《中庸》第三十二章有这样一段话：

> 唯天下至诚，为能经纶天下之大经，立天下之大本，知天地之化育。夫焉有所倚？肫肫其仁，渊渊其渊，浩浩其天。苟不固聪明圣知达天德者，其孰能知之？

郑玄作注说："至诚，性至诚，谓孔子也。大经，谓六艺，而指《春秋》也。"所谓"天下之大经"指《春秋》中的"六艺"。"六艺"在古典文献里指的是贵族子弟所接受的六种必要技能训练，包括礼（礼仪）、乐（音乐）、射（射箭）、御（驾驭之术）、书（书写）和数（数学）。郑玄又解释说，"大本，《孝经》也"。《孝经》按照《礼记》数章中所用的问答形式，记录了孔子与曾子的对话。①《孝经》在汉代被认为是关于孝道基本训诫的经典，它把儿子对父母的孝敬与君王对天地的祭祀并举。这样，记录在《孝经》里的孔子的声音，把家庭、君王和天地化育万物的力量不断联结在一起。

《中庸》的最后一部分引用《诗经·卫风·硕人》的"衣锦尚䌹"②，以此来突出圣人能够无形中化育万民的内蕴而质朴的道德力量。君子之道，应该是弃繁就简，正如把白袍罩在锦衣外一样，不愿显露。君王内省自己，他的道德力量虽然是蕴藏着的，但终究会显露光华。③ 昊天上帝对讨伐商纣并得授周之天命的文王说："我被你的明德所感动，而你并没有

---

① 见《论语·泰伯》中受到称赞的门人。

② 《诗经·卫风·硕人》的原句是"硕人其颀，衣锦褧衣"。郑玄注："禅为䌹，锦衣之美，而君子以䌹表之，为其文章露见似小人也。"

③ 见《诗经·小雅·正月》"潜虽伏矣，亦孔之昭"之句。

形于声色。”① 接着，该段落最后一次引用了孔子的话，似乎要承认他自己对世界潜移默化的影响：“声色之于以化民，末也。”正如《诗经·大雅·文王》所颂扬的，“上天之载，无声无臭”，圣王以德教化他的臣民，就像天地悄然滋养万物一样。

总而言之，郑玄认为《中庸》所反映的内容，是孔子迫切地呼吁他的君王仿效古代圣人，以天命来治理天下。君王必须通过继承先王礼制，培养其天生禀赋，达到“中”与“和”的境界，从而顺应人道。他也必须从先祖的非凡道德威望中汲取力量，得到“择善而固执”的决心。一旦他理解了祭祖礼仪，并且把对自己家人的孝敬推广到他所有的臣民，他就能君临天下。虽然孔子从来没有成为世俗之王而治理天下，但是他达到了至诚的最高境界，并且正如上天一样，他潜移默化地教化人民。根据郑玄所说，汉代统治者必须效法孔子，无声无息地用美德来化育百姓。

---

① 见《诗经·大雅·皇矣》“予怀明德，不大声以色”之句。

朱熹与君子之道①

宋明之际的儒教

一千多年以后，朱熹对《中庸》的解读与郑玄的规范理解并没有太多冲突，只是添加了一个形而上学的框架。尽管对绝大部分文本的注释，朱熹都依赖于郑玄之说，但也至少加入了三点新颖的假说，反映了宋代的儒学思想。

第一，虽然他也认为《中庸》是孔子关于君子修身的著述，但是他把这一要旨普遍化，认为其论述不仅仅适用于君王，也适用于受过古典教育的人。依朱熹看来，“君子”等同于“士大夫”。的确，朱熹没有把他最大的希望寄托在统治者身上，而是寄托于那些统治阶层之外，决心遵循大道以改变世界的人。为了部分地回应佛教关于开悟的普遍性，许多宋元明清时代的儒家思想者，试图把从儒家经典中领会到的学说适用于所有受过良好教育的士人身上。

第二，朱熹也同意长期以来认为的《中庸》作者是孔子之孙孔伋（字子思）的说法，并认为在《中庸》文本后半部分的

① 本节依据的文本是朱熹《四书章句集注》中的《中庸章句》。

那个无名的讲述者就是孔伋。孔子是孔伋的老师，而孔伋又是孟子的老师，所以在朱熹看来，孔子继承了古代圣王的道统并传于孟子。在宋代，孟子被广泛地认为是古代世界最后一位圣人，但是他没能把道统传给他的门人，因而道统到此就中断了。对朱熹来说，《中庸》创造了孔子和孟子之间重要的谱系。因为他认为是孔伋——这位所谓的《中庸》作者，用《中庸》的形式把道统传给了孟子。朱熹说，孟子以后的一千五百年来，古代的“道统”依《中庸》而保存，只是在宋代得到了传承。

第三，朱熹与郑玄最明确的分歧，在于他对人性本质的理解。他认为上天赐予人同样的本性，并将其解释为“天理”。培养人之本性的迫切性适用于任何人，而不仅仅适用于君王，只要一个人能够实践《中庸》和其他四书著作中所强调的原则。朱熹从《中庸》文本中首次提出了一些关键词，来建立形而上学的框架，并从中探寻出自我修养的方法，这样的方法是无法从阅读经典中得到的。他坚持认为，人们实现天赋潜能的气质是不同的。但是，每个人都拥有同样贤良的本性。朱熹对《中庸》明晰而具有革新意味的理解，来自他对四书富有眼光的选摘，在此基础上朱熹形成了一套系统的说教，使其适应了一个深受佛教影响的时代。

在朱熹的时代，佛教的两个特征尤其在儒家思想里得到共鸣。中国的佛教宗派假定，在感性世界所有的现象背后有一个普遍的真理或者原则，称为“法”。他们说，“悟”存在于理解万物的无常中，一个人的灵魂是转瞬即逝的，即使是“法”也终归空寂，法即空寂。宋儒认定“理”是万物的创造力。虽然朱熹和他的追随者认为，“理”的学说可以上溯到古代圣人，但是他们发现要从古代经典里找到这样直接明白的段落是很困难的。宋儒的这一观点，是对佛教宣扬一切基于“法”的普遍化论断所做出的针对性反应。不过，与佛教中“法空”概念相反，宋儒认为“天理”是善的根源，尤其是“仁”与“义”的根源。儒家对“理”的理解类似于柏拉图的形式论，二者都假定有一个普遍、不变的真理形成了所有的个体。儒家的“理”与柏拉图的“形式”一样，都可以通过审视而得到，只要人们知道如何从个体中寻求。不过，儒家之“理”凭借一种动力——“气”而产生了各种事物，“气”界定了个体善的天赋。而且，儒家的“理”归根结底是一种天定的、单一的真理，也是个体天赋的善之根源。《中庸》的开篇宣称“天命之为性”，这在朱熹的人性论中得到了很大的体现。朱熹对这段话注解说，“性即理”。

一些佛教宗派，尤其是禅宗，提倡顿悟，这是基于大乘佛教的观点，认为每个人都具有天生的智慧，称为“佛性”。与大乘佛教的教义一致，禅宗认为佛性本空，而且人可以通过冥想默念而突然开悟。从宋到清的儒家学者们认为，每个人都具有非凡的人性，它是生而善，且由上天赋予的。不过，引人注意的是，从宋、明至清初，儒家学派对启蒙的途径的见解都不一致。朱熹的观点是，自我修养必须从格物之“理”着手，特别是那些记载在四书中的原则。他的观点获得14世纪明代朝廷的认同，并居于支配主导的地位。那些持不同意见的儒家学者认为，人的本性已具有足够让他达到启蒙的善，如果从外部求“理”，就把注意力从人的自身转移了。朱熹与他的支持者们强烈反对这种不经过中间途径而获得智慧的方法，认为它与禅宗的“顿悟说”一样，犯了同样的错误。

圣人的传“心”

朱熹认为，汉唐时代的《中庸》注疏者未能领会其真正含义。在《四书章句集注》的《中庸章句序》中，朱熹把圣人“道统”的传承和形而上学联系起来，以表达修身的道德紧迫感。他提到，潜藏的（未发）和表露的（已发）情感之间有张力，并确立了一种自我修养的方法，转换了形而上学的基础。在郑玄的解读中，君王决心通过一以贯之的意志行为，来达到“致中和”和“得其诚”。相反，朱熹集中于意志——“心”的培养。“心”的概念，没有出现在《中庸》文本中，而只是偶尔出现在郑玄的注中。根据朱熹的见解，“心”不稳定地存在于两种决定人的道德选择的意识状态中：“道心”与“人心”。朱熹把这两个概念移用到《中庸》，认为“道心”等同于天赋本性，作为单纯的、潜藏的情感，存在于稳定的状态；而他把“人心”等同于表露的情感。他说，“人心”可以“致中和”，但是倾向于犯错。《中庸》忠告人们，要警惕会让人误入歧途的、不易觉察的内在缺点。朱熹系统地阐明了一种修身养性的方法，该方法以防范外物的迷惑为前提。比如，他确信，诱惑幻化的佛教所认为的假象（朱熹说“近理而大乱真”）已经迷惑过他那个时代最睿智的儒家们。对朱熹来说，“人心”是可能让人犯错的地方，但也具有反省自我、引导人修身齐圣的能力。

朱熹的《中庸章句·序》强调，古代圣王在禅让王位时，亦会把“道统”口传心授，传承下去。当尧宣布由天定的舜来继承他的王权时，他教导舜要“允执厥中”，即坚定不移地保持此中正之道。根据朱熹所写的《中庸章句·序》，舜在退位时，又在此前加了三句话（所谓的“十六字心传”），来说明圣人道统之传承。“人心惟危，道心惟微，惟精惟一，允执厥中”，这几句话贯穿了《中庸》。古代圣人们把传承“道”作为王权嬗递的一部分。朱熹说，“若吾夫子，则虽不得其位，而所以继往圣、开来学，其功反有贤于尧舜者”（《中庸章句·序》）。这样的看法与郑玄早期对孔子从未成王的感叹相呼应。不过，由于孔子把“道统”传递给他的门人，也是四书的作者们，因而朱熹认为孔子已超出那些古代的圣王。在朱熹看来，曾经专属于君王与孔子的“道”，也是普通人所能达到的境界。

通过宣扬大道于大众，孔子成为万世之师表。朱熹在他的《章句序》中这样说明子思作《中庸》的缘由：“夫子之孙子思，则去圣远而异端起矣。① 子思惧夫愈久而愈失其真也，于是推本尧舜以来相传之意，质以平日所闻父师之言，更互演绎，作为此书。”朱熹用古代圣王舜的“十六字心传”之语来对应《中庸》的关键段落，进一步阐明自己的观点。

> 其曰“天命率性”，则道心之谓也；其曰“择善固执”，则精一之谓也；其曰“君子时中”，则执中之谓也。(《章句序》)

朱熹在高度评价了《中庸》“提挈纲维、开示蕴奥”的作用之后，接着谈到了孟子及其在道统传承中所具有的意义，“自是而又再传以得孟氏，为能推明是书，以承先圣之统，及其没而遂失其传焉”。在朱熹所引用的《中庸》的语句中，很明显地没有包括那些谈论“危殆而不安”的“人心”的对应部分，这是朱熹对《中庸》解释中的一个问题，对这个问题的争

---

① 读者应注意，这是“正统”与“异端”这两个术语最早在宗教背景外被使用的例子之一，它们用来区分儒家传统与宗教教义。

议在他死后一直延续了数世纪。

“修心”与“致其诚”

在为圣人的道统构建了一个权威的基础后，朱熹探讨了道统是如何在孟子之后中断，并在宋代程颐、程颢两位大儒身上得以恢复的问题。他说，“我们总是把‘道’的深意寄托在言语文字之间，然而异端之说日新月异，以致追从老子与释氏之人纷纷出现。他们的论说看似与“理”相近，实际上则是混乱了本真之理。所幸《中庸》一书并没有失传，所以程氏兄弟生于当世，他们对《中庸》潜心研究，蔚有所成，终使千年未传的道统之源得以接续。他们以《中庸》论点为据，驳斥老学和佛学两家似是而非的谬论”（《章句序》）。

据朱熹的见解，因为“人心”倾向于犯错，人们容易受到异端之说的影响，这就使正确的“修心”显得更为紧要。“人只有一个纯粹的心灵，之所以有‘人心’和‘道心’的分别，是因为有的心灵是由自私之气而生，而有的心灵是依从了天赋的正确本性，从而有了知觉的不同。”（《章句序》）根据朱熹的理解，“心”本来不一定是天生邪恶的，而是因为有些人更容易受到迷惑。不安而危殆的“人心”与纯粹的“道心”，“杂于方寸之间，而不知所以治之”。朱熹坚持认为，解决的方法存在于《中庸》所描述的自我修身方法之中，圣人的“道心”相传过程为此修身方法提供了参照：“精则察夫二者〔指人心道心〕之间而不杂也，一〔即专心〕则守其本心之正而不离也。从事于斯，无少间断，必使道心常为一身之主，而人心每听命焉。”在朱熹《章句序》的阐述中，“道心”与“人心”是两种不同的知觉方式，而不是他的批评者们所理解的两种不同的“心”本身。“道心”是纯粹的，因而天生可以识别善，但是“人心”容易受到私欲的影响而蒙蔽了其道德判断。朱熹提出修身理论的主要目的，是为了矫正“人心”，使其总是跟从“道心”的指引。

在这篇长序中，朱熹实际上把《中庸》纳入修身的理论中，这一理论在佛教被介绍并传入中国以前还不为人所知。①在朱熹的《中庸》版本中，他把文本的主体分为三部分。他说，篇首语开宗明义，总括了全篇的基本内容：“道”是不变的天生真理。上天赋予每个人同样的本性，即与生俱来的善之根源，它必须得到正确的培养。据朱熹的版本，在接下去的二十章，是孔伋记录的孔子对于篇首语的解释。这二十章又大体上分为两部分内容，一部分是关于像舜这样的圣人所体现的“天道”，另一部分是关于可以引导“士大夫”至诚向善的“人

① 与“外王”比起来，朱熹更加强调“内圣”。这就导向了对自我修养，而非社会政治修养的着力强调，但社会的政治修养却是郑玄所关注的焦点所在。

道”。《中庸》的最后一部分，朱熹认为是孔伋对孔子教诲的评论。郑玄没有对《中庸》文本做出如此明晰的划分，也很少谈到《中庸》的结构或者在文本中的叙述者是谁——除了那些明确提到孔子的段落。现存最早的郑玄《中庸》节录本在文本近一半篇幅的地方，即相当于朱熹版第二十章的中间，分为两部分。

在《中庸》的行间注里，朱熹插入了他的哲学观点，实际上，这些哲学观点涵盖了以前的注。郑玄把天赋本性分为五种：仁、义、礼、信和智。一千年后，朱熹用新的概念来论述“理”所支配的宇宙观，并把郑玄对人性的理解从属于这一概念之下。朱熹认为“性即理”，简洁地阐明了其信念的主要前提，即人性是人类共有的、由上天赋予每个人的普遍本质。“天以阴阳五行化生万物，气以成形，而理亦赋焉，犹命令也。”（第一章）虽然“理”与“气”共生，“理”决定了一个人的天赋潜能，而特定的“气”则决定了每个人实现其全部天性的能力。① 所以朱熹说“性道虽同，而气禀或异，故不能无过不及之差”。

与郑玄一样，朱熹把圣人与凡人分别开来。而与郑玄不同

① 读者应注意，“天理”是不朽的，只有“气”会腐朽。“天理”在逻辑上也是有着优先的地位。但朱熹对此语焉不详。他常常重提该话题，试图做出更好的解释。

的是，朱熹把圣人推崇为普世的典型，这与他所批判的那些同时代大乘佛教的佛教徒有点相似。朱熹说，“圣人正确地培养其天赋本性，成为天下的楷模”。由于中庸是完善的，也由于每个人都生而得之，所以在起初的时候中庸之道并不难培养。但是由于“气禀”之不同，有人超越了中庸的界限，以“过”而失其中和。而有人没有达到中庸的境界，因其“不及”而不能臻于完善。朱熹的这段话几乎与《论语·雍也》一致。据朱熹的见解，绝大多数人与圣人不同，不是因为他们缺乏天赋潜能，而是因为在判断上的错误使他们达不到中庸。他说，汉唐诸儒未能领悟中庸，是因为他们不能透过经典文本的表面含义，来把握其包含的根本之“理”。还有一些人受到佛教迷惑而失去了中庸的平衡，因为他们寻求顿悟，而不遵循《中庸》所提出的正确步骤。四书之一的《大学》，出自《礼记》中的一篇，详述了包含八个步骤的修身过程。根据朱熹有争议的解读，《大学》概括的修身过程始于“格物”。朱熹的系统理论接下去包括“致知”“诚意”“正心”“修身”“齐家”“治国”“平天下”。正如朱熹的《中庸章句》第二十章中所论的“九经”（修身、尊贤、亲亲、敬大臣、体群臣、子庶民、来百工、柔远人、怀诸侯）。《大学》概括了修身养性的多重步骤，实践这一过程的益处从个人向外扩展到更广泛的人群，直至包括了每一个人。

朱熹在他的《中庸章句》中解释道，“致其诚”，这是可以避免人们远离中庸的唯一确定的方法。“自诚明，谓之性”，只有圣人已经达到了“诚”的崇高境界。而“人道”就是要通过向普通人显示如何达到“诚”，来矫正易犯错误的“人心”。“圣人之德，天然浑成，真朴无谬，不需要思考和努力就可以得到中庸之道，这也是天道。如果一个人没有达到圣人的地步，就难免有私欲，他的德行实践也不能真正达到目标。所以如果不能像圣人那样不思而得中庸之道，那就一定要反思并谨慎选择，然后才可以明白什么是美德。一个人只有持之以恒地坚持实践美德，然后才可以达到‘诚’，这就是所谓人道。”① 朱熹说，“诚”与“得其诚”，是此篇的枢纽所在。

天道，人道

朱熹把《中庸》的第二部分为若干章，分别讨论“天道”与“人道”。关于“天道”的章节讨论了圣人是“至诚”的完美体现，而且推其美德以助他人达到“诚”的境界。② 朱熹把那些具有“至诚”的人比喻为“神”，他说，那些至诚之人，

---

① 《中庸章句》第十九章：“圣人之德，浑然天理，真实无妄，不待思勉而从容中道，则亦天之道也。未至于圣，则不能无人欲之私，而其为德不能皆实。故未能不思而得，则必择善，然后可以明善，未能不勉而中，则必固执，然后可以诚身，此则所谓人之道也。”注意，与郑玄相比，朱熹更加强调“浑然天理”。

② 朱熹把“唯天下至诚”重复提了三次，分别在《中庸集注》第二十二、二十三和三十二。

心中没有丝毫私欲，才能察觉道之萌兆，“至诚之道，可以前知”（第二十四章）。他又说，“只有天下至诚之人，才能掌握治理国家大事的法则，建立天下之根本，知道天地化育万物的道理，可以为天下后世法”（第三十二章）。朱熹强调，只有圣人能用其“至诚”来化育万物。

表面上，朱熹对“圣人”的理解与郑玄对完全实现天赋潜能的君王的观点相似，但是实际上他们有几点不同。正如上文提到的，郑玄把“君子”设想为君王或者诸侯王，而朱熹认为，一个出生不凡的圣人为那些遵循正道的人树立了一个理想目标。从历史语境来看，朱熹的观点可以视作大乘佛教所宣扬的普遍佛性的儒家对应物。作为对佛教教义的反应，朱熹与许多他同时代的人从孟子的“性善论”中寻找答案，“人皆可为尧舜”就是孟子的一个明确论断。① 与佛教所宣扬的普遍佛性不同，朱熹认为《中庸》是使受到经典教育的男女达到完美人性的方法。这在郑玄注中并没有提到。

与大乘佛教普遍性愿望不同的是，朱熹的《中庸章句》预想了杜维明教授②所称的“信赖社群”。这是一个相互依存的群

---

① 见《孟子·告子下》。

② 杜维明，中国当代著名学者，现代新儒家学派代表人物，当代研究和传播儒家文化的重要思想家，国际儒学联合会副会长。代表作有《传统的中国》《现代精神与儒家传统》等。

体，在其中，君王、圣人与士大夫遵循修身之道，而这同时又为使万物实现天赋潜能创造了客观条件。虽然儒家群体没有自称可以为每个人的今生与来世带来普遍的启示，但是它强调凭其诚意、据其孝心来祭祀先祖神明，实际上这已接触到来世了。正如我们所见，虔诚的祭祀并不表达符号或者世俗人文主义，但是它让我们与先祖之灵可以相通。根据郑玄和朱熹的说法，《中庸》阐明先祖对生者的无限道德力量可以“使天下之人，齐明盛服”，并因此被激励向善。任何把儒教描述为世俗人文主义的观点，只是一知半解。

遵循人道的士大夫也许渐达其诚，并最终参与到宇宙天地化育万物的活动中。为说明以渐进的方式来获得“至诚”，朱熹说，圣人以下之人，则必须扩展其善端，以完全实现其潜在美德……在他坚持不懈、日积月累之后，就能影响到他人。从这一点来说，他们与圣人也没有大的差别。接着，朱熹反复强调，我们都可以通过学习成为圣人，并竭力仿效圣人，结成“信赖社群”：达到“诚”的人，一旦完善了自己，会自然地推诚及人，也会传“道”于人。仁，是保存自然之本性；智，则是完善道德，这些是我们本性所固有的，因而我们可以不辨内外区别。一个人在达到“诚”后，就会在外物上表现出来，一切都会各得其宜。①

《中庸》中有一段备受瞩目的重要章节，它叙述道：“故君子尊德性而道问学，致广大而尽精微，极高明而道中庸。”（第二十七章）。朱熹把这段话解释为对他修身理论中一个关键因素的确认。关于这段话中的“德性”一词，他解释说“吾所受于天之正理”，而“尊德性”，就是“所以存心而极乎道体之大也”，“道问学”，就是“所以致知而尽乎道体之细也”。“尊德性”和“道问学”是士大夫修养德行、凝聚大道的重要开端。他们既不因丝毫的私意而蒙蔽自己，也不因丝毫的私欲而影响自己的道德修养。而且，他们应该沉浸于知识以涵养心性，认真实践已获的能力。

在对修辞的巧妙运用下，朱熹把他的性理观与《中庸》和四书的其他文本——《大学》联系起来。他的一个最大胆的尝试是把《大学》文本做了改述，确立了道德修身的多重步骤，以“格物”起始。朱熹认为“格物”就是“穷理”。在《中庸章句》中，朱熹这样解释道，要增加知识，就需要每日学习以前所不知之理义，重新思考以前不求甚解的文本段落，析理不

① 《中庸章句》第二十五章：“诚虽所以成己，然既有以自成，则自然及物，而道亦行于彼矣。仁者体之存，知者用之发，是皆吾性之固有，而无内外之殊。既得于己，则见于事者，以时措之，而皆得其宜也。”

能有丝毫错误，处事不能有过或者不及。不涵养心性，就不能增加智慧，而要涵养心性，就必须要增加智慧。①

总之，朱熹认为《中庸》是孔伋对孔子迫切期望每个人修养其天赋善性的忠实转录。朱熹说，古代的圣王证实了人皆有天赋善性，但是他们也在“十六字心传”中警告世人要时时保持警惕，因为许多人天生容易受到异端邪说的影响。根据朱熹的观点，孔子理解人生而具有“道心”以及易让人犯错的“人心”，并且把这些传授给自己的门人。朱熹也认为，由于孔伋对异端邪说的恣行于世十分苦恼，因而作《中庸》来教导世人如何正确修身来避免犯错误。孟子从孔伋那里接受了这样的教导，却不能把它传授给门人，因而令其中断了传承。在孟子之后，圣人的“十六字心传”要义隐藏在《中庸》的表面辞章之下，直到宋代伊洛二程最终完整地理解了孔子意味深长的话语，并将之传授给自己的门人。但是朱熹在一些伊洛学派中的门人身上，察觉到他们所犯的两种错误，一种是与那些目光浅陋的学者一样，达不到中庸的境界，即“不及”的错误；另一种是与那些佛学之士一样，通过寻求顿悟而超越中庸所必须经过的

① 《中庸章句》第二十五章：“析理则不使有毫厘之差，处事则不使有过不及之谬，理义则日知其所未知，节文则日谨其所未谨，此皆致知之属也。盖非存心无以致知，而存心者又不可以不致知。”

阶段，即“过”的错误。朱熹对《中庸》的解释，概括了一个人修身必须经历的相互依存的过程：“尊德性”，即“存心”；和“道问学”，即“致知”。

结 论

本章论述了《中庸》中被解读的“经典孔子”，时间从汉到宋，跨越了千年。在很大程度上，东汉郑玄和南宋朱熹对《中庸》文本几个最重要论点的解释是一致的。他们把《中庸》视为修身的文本，它指出了具有权威道德地位的人如何完善自我的道路，同时在这个过程中，如何也帮助万物实现其天赋潜能。他们都认同，每个人都必得通过万物和神灵的复杂关系网，而达到完善的境地。他们也同样把生而完美的圣人与那些渴望追求“人道”和“致其诚”的人区分开来。郑玄与朱熹也共同使用基于孝、仁、义等原则上的人类完善性概念。他们认识到敬奉先祖作为自我完善过程不可缺少的一部分所具有的中心作用，还有把一个人对父母和先祖的孝心扩散到居住在他们周围的人，来维护、推广孝道的必要性。最后，他们认为，《中庸》把孔子推崇为“经典圣人”，完美地体现了“至诚”，并因而成为万世师表。

他们的不同之处，主要在于朱熹倾向于把《中庸》要旨普遍化，使修身理论更加内在化。据郑玄的解读，《中庸》阐明的是君王如何坚持努力修身，来获得天命而统治天下的方法。朱熹则认为，它是让所有士大夫修养达到最深内在心性的方法，以保证自身遵从“道心”的指引。这一自我完善的过程始于以圣人为范，并创造客观条件，使所有人完全实现其作为人类的天赋潜能。

迷失的危机和恢复的希望贯穿了《中庸》全文及其两个注本。孔子感到绝望，因为古代圣人统治天下，并令万物得以实现其天赋潜能的美好时代早就消失了。此后不久，据说是《中庸》作者的孔伋反复表达了孔子的失落感，并宣称孔子自己就是一个达到“至诚”的圣人。但是不幸的是，孔子从来没有登上过王位，因而无法传播大道。郑玄也满心希望《中庸》能够启蒙当世的君王，来挽救曾经无比辉煌而如今日渐衰微的汉朝。回首一千年前，抚今追昔，宋代朱熹叹息着他的前辈们没能让大道在人间复兴。但是朱熹也从来没有对重振大道失去过希望。虽然他对当世统治者没有正确地修行中庸之道，以及异国传入的学说迷惑了众多求知者的现象而感到焦虑，朱熹还是呼吁饱学之士，寻求人人内心所具的天赋之“诚”，并努力推广影响周围的人。郑玄与朱熹也许在许多细节问题上见解不同，但是有一个观点他们不谋而合，即：大道虽不行于天下，但人性中善之根源乃由天赋。

推荐阅读书目

1.《中庸》的翻译著作包括：James Legge, *The Doctrine of the Mean in The Chinese Classics* (London: Trübner & Co., 1876), 383—434; Wing - tsit Chan, *A Source Book in Chinese Philosophy* (Princeton, NJ: Princeton University Press, 1963), 95—114; Andrew Plaks, *Ta Hsüeh and Chung Yang* (London: Penguin, 2003), 23—55; Roger T. Armes and David L. Hall, *Focusing the Familiar: A Translation and philosophical Interpretation of the Zhongyong* (Honolulu: University of Hawaii Press, 2001); Daniel K. Cardner, *The Four Books: The Basic Teachings of the Later Confucian Tradition* (Indianapolis: Hackett, 2007), 107—129.

2. 一部重要的、有影响的关于《中庸》的哲学研究著作，Tu Wei-ming（杜维明），*Centrality and Commonality* (Albany, NY: SUNY Press, 1989).

3. 本章引用的《中庸》中文文本有：〔汉〕郑玄注，〔唐〕孔颖达疏：《礼记注疏》，四部备要本，台北：中华书局，1965年版；〔宋〕朱熹：《四书章句集注》，北京：中华书局，1983年版；钱穆：《四书拾遗》，台北：学生书局，1978年版；［日］Nobuyoshi Otsuki 大槻信良，*Shushi Shisho Shuchu tenkyo ko*《朱子四书集注典据考》（Kyoto：Ch ubun Shuppansha，1976）.

4. 对中国古典注疏的研究成果包括：John Makeham，*Transmitters and Creators*：*Chinese Commentators and Commentaries on the Analects*（Cambridge：Harvard University Press，2001）；Daniel K. Gardner，“Confucian Commentary and Chinese Intellectual History,” *Journal of Asian Studies* 57，No. 2（May 1998）：397—422.

第五章

至圣与庙祀：礼仪与教义

魏伟森

每年两次，太常寺在各官府门外贴出告示，要求官员斋戒三天，告诫他们“不饮酒，不食葱韭薤蒜，不问病，不吊丧，不听乐，不理刑名，不与妻妾同处”（《大明会典》卷八十一《祭祀通例》）。太常寺卿发布这些规定，是要让官员们在祭祀孔子前净化自己。在孔庙（亦称文庙）设立的大鼓缓慢而沉稳的鼓点催促下，官员与其他生员们在黎明前就按官阶高低顺次站在孔庙门外，并列队进入院内执行对孔子及其传人的祭祀。这样的祭礼在每年农历二月和八月的第一个星期举行。一千多年来，从帝国的首都到其他各级行政地区，官员们没有间断过在孔庙里祭祀被历代朝廷称为“至圣”的孔子。在古代的朝鲜、日本和越南，朝廷的礼官也用汉语的本土对应语言来举行同样的礼制。根据东亚最古老的文字——文言文所记载的官方文献，孔子祭祀包括祭坛供奉的胙、酒和其他食物，摆放在精心准备的祭器中。当官员们在优雅的音乐和庄重的舞蹈伴随下，颂赞至圣的美德时，这位圣人与其他150多位先贤先儒的神灵一起，静静地附着在写着他们名字的木制牌位上，默默接受这样的献祭。

作为崇祀对象的孔子，也许对今天的很多读者来说并不熟悉，然而不少中华帝国晚期（960—1911年）① 的人，尤其是所有受过古典教育的士子，都曾经在孔庙里见过他。要理解为什么王朝这样竭力推崇孔子，重要的是要思考这一祭礼如何被融入更宏大的祭祀体制中。该体制由王朝官方确立，它使孔子在王朝的首都、整个帝国，乃至帝国以外数以千计的庙宇和神舍中，受到人们的崇拜和祭祀。中华帝国晚期的文官们，根据儒家经典构想出在这些庙宇中进行的祭祀礼仪。只有贵为天子之尊的皇帝才可以举起酒樽向地位最高的神献祭。而他所遵循的祭祀仪式，包括在主祭坛前的祈愿以及无数伴随仪式的表演，许多在紫禁城外表演的小型仪式，则完全由受到儒家经典教育的大臣们所掌控。这些祭礼在那些关于中华帝国晚期的书籍中虽很少被提及，却一直是那些朝廷内外的儒家学者们所关心的事。在大的

---

① 中华帝国：西方史学界特指中国历史上的大一统王朝，其中包括秦朝、汉朝（包括新莽）、晋朝、隋朝、唐朝（包括武周）、宋朝（包括北宋、南宋）、元朝、明朝、清朝等王朝。此处指的是宋、元、明、清四个朝代。

帝国庙祀体制下探讨孔子的祭礼，可以启示儒教的基本“宗教”倾向，以及儒教与事实上晚期中华帝国时代每个人（无论其教育背景与社会地位如何）所共有的、对其他神灵的理解。一些欧洲和美国的现代历史学家，甚至把明清官员等同于“clerisy”（牧师），捏造出早期现代国家与国家宗教之间的类似性。

除了作为祭孔的处所外，孔庙也是颁布儒家经典注释与学说的所在。自从唐朝把国子监的文庙祭祀列入朝廷群神庙祀体制以后，王朝的文官们从来没有停止过争论文庙祭拜的原初意义。在文庙祭拜的早期阶段，王朝对于“谁才是该庙堂被奉祀的圣人”这一中心问题犹豫不定。也许令人惊奇的是，孔子并不总是占据至高无上的地位。后来，王朝也在文庙里增加了别的儒者的木主，祭祀他们以支持其学说。作为对那些非凡经典学者的崇祀，文庙的祭礼必然地与科举考试的教育课程密切相关。依然树立在北京孔庙大门前的198块进士碑，是对孔庙与科举制度不可分割联系的最好见证：石碑上刻着超过5.5万个人名，他们是那些自1313年（在北京举行科举考试的第一年）到1904年（最后一次科举考试）通过殿试的进士。国子监祭酒带领那些通过殿试的举子们到孔庙，向这位至圣致敬。

本章从仪式与理论的语境下来探讨对孔子的王朝祭祀。第一部分讨论最高祀典的对象：祭天地、祭太庙、祭社稷，以便解释关于群神庙祀体制的基本逻辑和祭神的基本原则。这一部分试图说明两个关键问题：首先，孔子崇祀在一个庞大的王朝祭祀体制中占据了一席之地。这个体制是由文官们所维持的，他们的主要专长是依据经典而熟习儒家仪式。其次，所有王朝祭祀礼仪的基本元素在本质上都是一样的；他们的不同之处主要是献祭食物的数量，还有细节的不同，如赞颂每位神灵美德的颂歌与祷文。接着，本章说明王朝通过将经典学者与儒学大师列入神坛，与孔子一起受到奉祀，来实现对儒家学说的定义与认同。接下来的部分显示，在帝国早期国子监的文庙中，孔子的地位有时居于周公之下。当唐朝在公元 7 世纪把孔子定为主要崇祀的圣人后，王朝在确立官方认可的儒家学说方面发挥了重要作用。虽然朱熹的支持者相对狭隘的儒家道统观点，在 13 世纪和 14 世纪得到稳步发展，但是一直到 15 世纪初明朝颁布《五经四书大全》和《性理大全》，才把程朱学派制度化了。从明代中叶起，朝廷开始要求科举考试的学子在熟知这一新的经典后才能参加应试。

群神之庙

祭神的原则

根据“五经”，古代的君王亲自祭祀统治大自然与人类世界的神灵。唐代的礼仪学者按照经典记载，把官方祭祀分为三个等级。皇帝在都城周围对最高的神灵举行大祀，王侯公卿对地位稍低的第二类神灵举行中祀，县地方官在所辖范围内举行小祀（或者群祀）。皇帝与文官谨遵日历，在固定的农历某些月份举行祭神活动。

祀典用盛大的礼仪来奉祀神灵。献祭之物用来宴飨神灵，以增强其灵应。同时，神灵也保佑向他们祈福的恩主健康平安。祀典成为一种交流手段，使神灵与祭祀者皆从中受益。祭祀中所交流的内容，在世界各宗教中不尽相同。比如，在净土宗里，以念佛号（颂南无阿弥陀佛）的仪式，虽然看似没有献祭任何物品，但是还是属于一种献礼，可以保证信徒来世得拯救。朝廷祭祀群神的目的，并非为了寻求个人的拯救。在帝国朝廷祭祀体制中的神灵，的确从来没有被见证过有拯救的能力，甚至包括昊天上帝在内。一般来说，代表了某一群体（比如皇族、官僚、农民）的主祭者在献祭时，向相应的神恳求为他群体中的所有人降福。文官们以那些顺从权威的百姓名义来执行祭礼，他们充分运用这样一个关键的工具来统治世界，这个世界由人类、天神、自然神和祖先的神灵等组成。前面第四章已经讨论过了，《中庸》阐明统治天下需要的不仅是世俗的官僚才能。这类仪式的效力取决于主祭者的纯正品性。孔子在《论语》里所强调的，如果不亲身参与祭祀，就和没有举行祭祀一样。①

---

① 子曰：“吾不与祭，如不祭。”见《论语·八佾第三》。

在祭祀前斋净数日后，主祭者内心达到了虔敬的状态，才能感通神灵。也如《礼记·祭义》所说："祭之日，入室，僾然必有见乎其位。"能够见到神灵，才能算得上是真正的祭祀；而只有内心真正达到了虔敬的人，才能见到神灵。

王朝按照宇宙内在的秩序来谨慎地规范祭祀神灵的等级，以此小心翼翼地维持着神灵令人敬畏的力量。只有皇帝才能对最高级别的神举行大祀。其他低阶神灵的祭礼，如祭社稷、郊祀，可以由那些文官代行。皇帝与那些低阶文官的祭品有着明显的区别。在大祀中，12 个祭笾豆对应皇袍上的 12 种黼黻①，同时也是基于 12 个月，即一个完备的礼仪周期。只有皇帝或者他的代表可以登上都城及其城郊的祭坛。除非代表皇帝祭祀的主祭者本身也是皇亲国戚，否则，一般人是不能召唤皇太祖——王朝开国之君——的神灵来分享献给社稷神的供品的。甚至祭祖礼也须按照祖先的身份地位予以区别，主要是通过限定有几代祖先神灵可以供奉于宗庙和祭坛之上（据称宗庙在朝廷权威的视线之外）。皇帝祭祀七代祖先（皇太祖和六位近祖），而一个身居高位的官员只准许祭祀他的始祖和五位近祖，一个四品以下的官员则只可以祭祀始祖和三位近祖。虽然祭祀更多代祖先是相当重要的特权，但是这些宗教仪式不应该被简化为

① 笾豆，古代祭祀时盛祭品的两种器具。竹制为笾，木制为豆。

仅仅是社会地位的显示。祭祖仪式具有深厚的文化根源，正是因为皇帝、官员和平民敬奉神灵，认可神灵所具有的巨大灵应。

天与地

在冬至日的早晨，明朝（1368—1644 年）与清朝（1644—1911 年）的皇帝们结束了在斋宫三天的斋戒，登上了圆形的天坛，向处于祭祀等级顶端的昊天上帝敬献一整只牛和其他食物。昊天上帝在宇宙间具有最大的神力，但是他并不是唯一的统治者。它需要土地神来化育万物，因而仪式规定了在夏至日的时候皇帝要在地坛举行祭祀，称为“皇地祇”。适当建构的仪式与统治宇宙的力量是一致的。天是圆的，因而祭坛设在圆形土丘的顶上。地是方的，因而祭祀皇地祇的祭坛也是方形的。

自古以来称为“天子”的皇帝，具有人间无可比拟的地位，而且是唯一指定的、在天坛举行大祀并与上天相通的人。首都的地理方位赋予了皇帝与上天进行联系的特有条件，因为一条宽阔无碍的大道把他的皇宫与位于紫禁城南面天坛的巨大建筑群连接起来。明清的皇帝几乎都诣谒南郊天坛亲自执行祭祀，然而他们也常常派遣文官到北郊代祭地神。不过，由于天与地二神是相互依存的，并都据阴阳之道在宇宙间循环，所以明清皇帝间或在天坛举行冬至的祭祀，同时祭拜天地二神。

在仪式过程中，作为事物的状态和倾向的“阴阳”，比作为存在的“阴阳”本身还重要。① 事物为阳，则发扬于上，成为昭明的状态。反之，事物为阴，则沉于下，成为隐晦的状态。生气勃勃的属“阳”的事物，是活跃的、上升的，并催化处于“阴”的状态的事物运转。没有这样的催化运转，属“阴”的事物是沉重的、下降的、隐晦不明的，同时也是易感的。因而，上升的“阳”与下沉的“阴”可以描述所有的现象，比如，决定一个人健康的身体脏器的循环机能，与季节变化和谐一致的君王治国之道，以及神灵、星宿和宇宙万物的运行等。如使用适当的仪式，阴阳是互补的；如仪式不当的话，阴阳则相违。就像我们在第四章、第六章看到的，在祭祀孔子的仪式中，身体的移动与祭祀音乐的搭配组合，按照阴阳原则和谐地结合在一起，而产生《中庸》所阐明的“中和”。

皇祖

皇帝的祭祖也属于最高祭礼之列。每年五次，皇帝会精心准备由牛、羊、猪和其他食物所组成的祭品，在位于紫禁城高

① “阴阳”指的并非某种固定的东西，而是代表存在于任何事物或现象之中的两种对立的属性。以日月本身的阴阳属性而言，日为阳，月为阴，但就太阳本身而言，从日升开始，其阳性益显而阴性渐弱，正午时分，则为其阳性最显而阴性最隐晦的时刻，正午过后则渐失辉，阴阳之势开始逆转。

墙之内的太庙内，向开国皇太祖及皇太后，还有其他六代以上的近祖们举行祭礼。先帝们可以为在位皇帝权力的长久稳固带来吉祥的福佑，并为他打开通向更大神灵世界的通道。至少自唐以来，皇太祖的神灵分享了在天坛祭昊天上帝祭品的一部分，甚至早于祭祀朝日、夕月两神和五星神的传统。① 在离开皇宫行大祀以前，皇帝会到奉先殿告知先祖他的意图，并恳求他们暗中相助，来保证祭礼的成功。在表面上，国朝祭祀体制把宇宙分为不相关联的、由神所统治的各个范围。可是不同范围内的神灵（尤其是先祖之灵）之间的互动原则贯穿了全部的祭祀系统。

先祖在皇帝与最高神的联系中无所不在，强调了“孝”，即对祖先的顺从和虔敬，这在所有王朝祭祀中至关重要。关于庙祀仪式的指南常常援引经典，来描述孝子进入宗庙的时候所怀有的孝敬和斋净状态，甚至当主祭者对非先祖神进行祭祀的时候也是如此。古代君王在宗庙的一举一动充满了孝敬之心，《礼记·祭义》这样记载道：斋净身心三天后，孝子就能见到去世的先祖了。到了祭祀的那天，进入行祭的家庙，仿佛看见先祖就坐在那里。祭祀结束，走出门去，又好像听到他们说话的声音。在门外仔细倾听，似乎能听到有叹息的声音。所以先王孝敬先祖，眼前就能看到先祖的样子，耳朵就能听到先祖的

① “五星”指配祀的木、火、土、金、水五星。

声音，心中也不会忘记他们的生前所好。①

孝子的斋净可以被描述为对神灵凝神专一的状态。根据明清时代仍然引用的古代礼志，祭礼的主祭者需在仪式前以清淡饮食斋净，并闭关两三日来准备祭礼，专思神灵，心无旁念。明代的礼志把孝子专心注意神灵的不断出现作为一个献祭者所能达到的理想状态："戒"，是指禁止外在的活动；"斋"，是指凝神净化内心，专心致志，小心谨慎，心存敬畏，如果心有所想，则想着要祭祀的神灵，感觉神灵就在其上，或者在其左右，让内心达到精诚专一的境地，片刻也不敢松懈，这就是"斋"。②

就连祭祀孔子的仪式，祭祀者也都必须凝神默想着这位神灵，如同他还活着的时候一样，即《论语》所说："祭神如神

---

① 见《礼记正义》："斋三日，乃见其所为斋者。祭之日，入室，僾然必有见乎其位；周还出户，肃然必有闻乎其容声；出户而听，忾然必有闻乎其叹息之声。是故先王之孝也，色不忘乎目，声不绝乎耳，心志嗜欲不忘乎心。"《十三经注疏本》，北京：中华书局，1979年版，卷四十七，第364页。这段文字可以参见第四章"祖灵的无限道德力量"一节中有关段落。

② 洪武二年学士朱升等奉敕所撰《斋戒文》对斋戒的行为规则做出了规范："戒者禁止其外，斋者整齐其内……专一其心，严畏谨慎，苟有所思，即思所祭之神，如在其上，如在其左右，精白一诚，无须臾间，此则斋也。"见《明史》，《二十四史本》，北京：中华书局，1975年版，卷四十七，志第二十三，《礼一》（吉礼），第1239—1240页。

在。”也如后人想象他们已经去世的亲人，即《礼记·中庸》所说：“事死如事生。”作为由各社会阶层和不同教育背景的中国人所举行的唯一共同祭礼，祭祀祖先的仪式也影响到其他由文官所主持的庙祭，以及对大众神庙和家中所供奉的民间神的祭祀。关于先祖的亡灵在死后仍会滞留一段时间（通常时间跨度至少有三代），以及祭祀亡灵可以得到祖先赐福保佑的信仰在中国到处可见，韩国、日本和越南也是一样。

太社与太稷

先祖以及所有人类的神明（譬如至圣孔子）总是在庙堂之上静享人们对他们的献祭。社稷两神则不同。社稷神、昊天上帝、皇地祇，作为在祭祀体制最高层的神灵，都被供奉于户外的祭坛上享受馔馈。为了显示祭祀仪式上的联系，社稷祭坛与北郊地坛都设计为方形。这一联系在祭社稷神的祝文中表示得十分明显，祝文中宣称“惟神赞辅皇祇。发生嘉谷、粒我烝民，万世永赖”①。由于社稷神与土地的密切联系，各地文官也祭祀本地社稷神。这类祭祀仪式至少可以追溯到周朝（约公元前1046—前256年），当时的世袭诸侯王都设立这样的祭坛。各地的社稷神祭祀被称为“中祀”，与皇帝所主持的“大祀”

---

① 见《明会典》，卷八十二，景印文渊阁四库全书，台湾：“商务印书馆”，1983年版，第617册，第777页。

不同的是，祭品的数量较少，祭祀的名目也不一样。作为一个农业社会，中国也举行多重祭典来崇祀那些影响稼穑的超验神力；这些丰富多彩的祭祀活动充满了宇宙的农业领域。王朝为那些影响了人类农耕活动的神灵举行祭祀，这些活动包括：耕耘、播种和收获。古代对“田祖”的祈祷，演化为复杂的对“先农”或者“神农”的崇祀。明代祭祀神农的祝文说：“初兴农事，乃种嘉谷，为民立命，万世永赖。”17 世纪，满族征服了中原并建立了清帝国，其统治者进一步推崇神农祭祀，每逢祭典，皇帝亲自在与紫禁城外的神农庙毗邻的地方行耕耤礼。

对处于朝廷祭祀三层等级中的最高神祇，皇帝都要亲自举行“大祀”。他通常派遣朝廷高级官员在春分的卯时到京城东郊代执“朝日”祭，在秋分的夜晚到京城西郊代行“夕月”祭，这两种祭祀属于“中祀”。与“大祀”供奉十二笾豆祭品不同的是，“中祀”只供奉十笾豆。其他京城内外的文官，在中国各省、县的地方官，乃至于远在朝鲜和日本的官员也举行这样的祭典。官员们祭祀的对象还包括那些在某一范围内或者地理上相互邻近的地方神。比如，太岁、星辰、风云、雷雨、岳镇、海渎、山川各神，每一个神灵都在为它特设的祭坛上和庙堂里安享地方官员的献祭。

祀典与晚期中华帝国社会

“五经”中关于宇宙神灵的祭祀记载，在古代中国经过了数世纪漫长的衍化。有些最重要的祀典，免不了与曾经在古代中国占统治地位的世袭制度有着千丝万缕的联系。在早期的秦汉帝国，王朝完全由世袭的特权阶层统治。然而，与先秦时代不同的是，秦汉贵族（常常通过血统或者婚姻与王室相联系）对本地资源和宗教信仰并不具有同样的行政控制权力。在秦汉时代，新兴官僚已经掌握部分权力，而且，最上层的官僚也可以成为贵族成员。到了中唐时期，士人的地位不断上升，王朝为了应对这一变化，把孔子推举为新的民间崇祀的对象，孔子被追谥为“文宣王”。谥号中的“文”暗合《论语·子罕》中的一段话，在那段话里，孔子称上天向他授予“文”之道。“文”也代表与武将相对的文官。

唐代驻守在西北边防的强大藩镇势力，其影响力使文官们黯然失色。这些藩镇通过世袭的特权，统治超过其领地范围的广阔地区，也通过垄断朝廷的官职来控制中央王朝。唐代的藩镇世族声称几位古代著名人物是他们的祖先，比如吕望（姜太公）——一位帮助周讨伐商（约公元前1050年）的统帅。唐王朝建立了以吕望为中心的武将崇拜，吕望被追谥为“武成王”。祭吕望的武庙在藩镇世族支持下，一时得以兴盛，但是最终随着藩镇势力的削弱而被冷落。在宋代早期，部分由于限制藩镇势力的政策，武庙祭祀已经湮没无闻。这些政策由宋太祖制定，而宋太祖本人曾经是一位靠发动兵变而登上王位的将军。明朝的时候又建立了对另一位武将关公，即关羽的信仰，据说关公对暴风雨具有令人敬畏的力量。关公信仰得以兴盛，肇因于他被迅速扩大的商人阶层奉为守护神而得到大众的支持。①

至此，关于王朝祭祀的讨论产生了至少三个关于明清社会的重要点：（1）王朝祭祀中想象的宇宙是由许多神灵所统治的，每位神灵专门（虽然几乎总是有重叠的）统治宇宙的不同领域，或者特定的人类社会和分工。对某些尤其重要的社会领域，比如治理国家、收获五谷以及先祖神灵，王朝毫不犹豫地允许一定程度的重复祭祀，导致了在某些领域内祭祀活动的相对密集。而在那些不太重要的领域内，则很少有重复和集中的祭祀活动。（2）作为神灵与统治者之间的重要互动方式，与等级秩序相一致的王朝祭祀被认为是宇宙所固有的：天子单独祭祀最高和最重要的神，祭礼的仪式与他高贵的身份相配，并以此对应所崇祀之神的地位。神灵与人类的世界是由类似的等级制度所统治的，这两个世界在每个层次的祭祀中相联结，主祭者与神处于一种互相交流的状态。（3）祭祖在皇帝、文臣与平民祭祀活动中起着关键的作用，因为实际上所有人都崇拜自己

① Prasenjit Duara, "Superscribing Symbols: The Myth of Guandi, Chinese God of War," *Journal of Asian Studies* (Nov. 1988), 778—795.

的祖先，也因为所有祭祀仪式所要求的斋净状态，很大程度上以敬畏和孝顺作为特征。

王朝祭祀利用敬畏和孝顺来保证祭祀的成功，并以此荣耀神，保护他们的信奉者的利益。神灵也唤起了通常不为民众所认识的另一层次的力量。在唐代形成的文臣与武将神崇祀，提供了信仰可以强化特权和政治影响的充分证据。孔子崇祀显示了信仰是内部存在争论的领域，信奉者们对于如何解释信仰的意义而各执一端。在信仰范围内争论的内容，随着信奉者对某一特定问题的关注而不同。比如，关于帝王的太庙之争，触及了皇权传承的问题。当一位明朝皇帝承继了他绝嗣的堂兄皇位时，他不顾朝廷中尖锐的反对而坚持追谥其生父（在亲生父母的名号前加封“皇”字），并把他的灵位供于太庙之中。①

11 世纪在王朝和官僚体系中占支配地位的孔子崇祀信奉者们，对儒教学说表示了强烈的关注：孔子至圣的教义是什么？什么样的文本正确地记录了他的教导？在他的追随者中，谁正确地理解了他的思想？下一部分的内容将专门讨论这些问题。

---

① 指发生于明朝嘉靖年间的事件。因明武宗无子嗣，乃由其堂弟朱厚熜继位，即明世宗。明世宗与朝臣围绕其皇位之继承究竟是“继嗣”或“继统”的问题，曾引发一连串争议与政治斗争，史称“大礼议”事件。

教 义

在官方认可的众神中，孔子是一个权威之“神”，坐落在官学中的文庙也发挥了重要的教导功能。谁在文庙中占有最重要的地位，是孔子还是周公？关于这一问题的争论整整持续了八个世纪。对它的回答也关系儒家的教义。每一次在文庙里增加新的人物，如儒家经典著作的大师们和孔子后来的继承者们，也就表示王朝认可了他们所作的经典注疏和哲学类著作的观点。回顾关于这一争论的记载，为我们理解王朝在哪些学说符合经典文本这一问题上的立场，提供了很有价值的线索。朱熹在文庙中日益卓著的地位，以及他所作的古代经典注疏被列入科举考试中的事实（见第四章），显示了王朝越来越愿意认可一个狭义的儒家学说。到 15 世纪的时候，文庙和科举考试为王朝提供了宣扬帝国正统信仰的关键场所和途径。

孔子崇祀的历史可以分为三个阶段：（1）从公元前 479 年孔子去世之后到汉朝灭亡，他的几代追随者和后代儒生在曲阜当地祭拜孔子，这样非常规的祭祀活动只得到了有限的官方支持。（2）在公元 3 世纪中期，第一次由朝廷官员在首都举行了祭孔活动，使得这一始于地方的崇祀渐渐融入王朝体制中。在接下去的五百年中，王朝官员在官学越来越频繁地举行祭孔仪式。但是作为崇祀的几个关键要素，比如它主要奉祀的圣人

——孔子或周公，以及认可这一崇祀的礼法等，还是没有得到解决。(3) 在8世纪中期，作为圣人的孔子成为崇祀对象，其祭祀仪式也是依据深入人心的礼法，被完全融入了首都以及周边地区的帝国信仰之中。孔子崇祀得到受过经典教育的文官和儒家文士的支持，到中华帝国晚期影响卓著，繁荣兴盛，直至19世纪末。在此第三阶段，孔子崇祀继续随着社会和儒学内部所发生的根本变化而不断演进。

早期本土崇拜

按照传说，在孔子死后，他的门人整整为他守丧三年，如丧考妣。根据司马迁记载，"三年心丧毕，相诀而去，则哭，各复尽哀，或复留"。门人子贡在他老师的冢墓旁继续结庐守丧了三年。数世纪后，司马迁亲睹了每年在孔子墓旁对他的奉祀，"鲁世世相传以岁时奉祠孔子冢，而诸儒亦讲礼乡饮大射于孔子冢"。古史记录了年轻的鲁哀公哀叹圣人离世的一段诔文："呜呼哀哉！尼父！无自律！"感叹孔子去世后自己没有可以学习的楷模了。一位孔子门人尖锐地反驳说：在他生前，不能重用他，死了以后为他作文以悼之，不合于礼法，自称"一人"，这不合于名分。国君把礼与名两样都丧失了。编纂时间晚于《左传》的一些史书中，仅仅提到了鲁哀公的哀叹而没有记录门人的嘲讽，似乎要在孔子辞世后用官方支持来弥补他的不幸遭际。这些后来的史书也引用了汉代的几个例子，包括汉高祖路过曲阜时祭孔子，或者为孔子活着的后人封世袭爵位等。一些历史学家认为儒教被确立为正统的时间是在汉代，但是这一看法似乎不可靠，因为无论是王室还是权臣，都不认为儒教经典的传统是以孔子为中心的，或者在理论上与其他学派有何明显的不同（见第二章）。皇帝对孔子墓和庙的拜访，传达了王朝对孔子认同的重要讯息，但是这样的荣宠并不仅仅是赐给孔子的。西汉统治者也照例参拜许多本土神，赠予其他杰出人物谥号。皇帝对周公旦的相似支持，尤其预示了数世纪后一个关于王朝祀典的重大争论。

王朝的祝祭

崇祀孔子在汉朝灭亡以后首次出现在曲阜——孔子的故乡。根据《三国志》，魏少帝（232—274 年）在公元 241 年初通《论语》，令太常以太牢祭孔子于辟雍，颜回也得以从祀。此段文字成为首个关于在首都举行的孔子官方祭祀的记录。通过把孔子和他最出色的学生颜回纳入礼祭中，王朝有效地建立了孔子与辟雍的密切联系（辟雍是王朝最高教育机构）。而且，这样也把礼祭与皇帝的个人道德修养联系起来，比如《中庸》中的有关论述（见第四章），还有上段文字中提到的魏帝通《论语》之逸事。《三国志》记录了公元 241 年那次王朝祀典的范例，这样的祀典在随后的数世纪中由那些短命的朝代继续举行。这些祀典包括更细致的释奠仪式、适合君王身份的音乐和舞蹈，还有孔子门人的画像、一座在王朝都城专门为孔子而建的庙，以及关于君王在祭仪中所穿礼服的详细说明。①

自3世纪起，随着在王朝都城对孔子的奉祀越来越受重视，汉王朝也把同样的荣耀赋予了周公。孔子本人曾经效法周公，并且对他无比崇敬。长期以来，周公因其对中国古代文明的多方面贡献而得到崇祀。作为忠臣的典范，他帮助其兄武王建立周王朝，并在武王病逝后为年幼的侄儿成王辅政。在成王成年后，为回报叔父周公旦的忠诚，他封周公于曲阜。根据《礼记》记载："成王以周公为有勋劳于天下，是以封周公于曲阜，地方七百里，革车千乘，命鲁公世世祀周公以天子之礼乐。"《礼记》还描述了在周朝太庙中对周公每年一度祭祀的丰富细节，这些记载为周公成为王朝崇祀的对象提供了先例。根据汉

① 《南齐书》卷九《志第一·礼上》记载了永明三年（公元485年）南齐朝廷关于在太学祭祀孔子用释奠之礼的讨论，提到裴松之（372—451年）建议乐用《登歌》，舞用《六佾》，"牲牢器用，悉依上公"（中华书局《二十四史本》，第143—144页）。《隋书》卷九《志第四·礼仪四》也记载了北齐皇帝讲经于孔子庙的祀典制度："讲毕，以一太牢释奠孔父，配以颜回，列轩悬乐，六佾舞"（中华书局《二十四史本》，第180页）。汉平帝曾经追谥孔子为"褒成宣尼公"，那时的孔子祭祀仅仅在曲阜举行（见《后汉书》卷十二、卷十八）。《南齐书》没有清楚说明裴松之是否主张把汉代的礼制变成王朝的定制，或者他只是回应那些要么过度强调礼法、要么忽视礼仪的背离汉代礼制的做法。

代早期历史学家的著述，周朝太庙迁到曲阜后周公继续受到崇祀。甚至在汉朝灭亡以后，另一个汉都城长安的祭祀也崇祀周公，因为他营建了古代的洛邑，并在奠基的时候在社稷坛行太牢祭。① 把周公作为都城守护神的崇祀一直延续到公元6世纪。

两个以往分开的祭祀，一个崇祀的对象是周公，另一个是孔子，在7世纪的时候，合二为一了。唐朝通过允许皇室和都城官宦之家的子弟入国子监而极大地扩大了教育系统。平民子弟可以到全国各地的州（县）学和乡学求学。唐高祖下诏要求这些官学各立周公庙和孔庙，举行祀典。其诏曰："盛德必祀……爰始姬旦，主翊周邦，创设礼经，大明典宪，启生民之耳目，穷法度之本源。粤若宣尼，天资睿哲。四科之教，历代不刊。三千之徒，风流无歇。惟兹二圣，道著生民。"（《唐会要》卷二十五）

公元624年唐高祖（566—635年）亲临国子监的文庙中行释奠礼，以周公为先圣，以孔子为先师配祀。到唐太宗（599—649年）时期，大臣们向他劝谏，把周公从文庙中移走，理由是在国子监文庙中祭周公缺乏正当的古代先例。在同一时期，礼学之士依据当时刚刚编纂完成的权威经典汇编《五经正义》，

① "周公朝至于洛，周公顺位成之明日而朝至于洛汭。则达观于新邑营。周公通达观新邑所营……越翼日戊午，乃社于新邑，牛一，羊一，豕一。告立社稷之位，用太牢也。"《尚书正义》，《十三经注疏本》，北京：中华书局，1975年版，卷十五，《召诰》第十四，第99页。

首次把王朝祭祀顺序系统地分为三级。基于此新经典，王朝贬低缺乏经典根据的祭祀，并为孔子崇祀确定恰当的先例：在《礼记》中有一段关于向先圣先师释奠的记载：

> 凡学，春官释奠于其先师，秋冬亦如之。凡始立学者，必释奠于先圣先师，及行事，必以币。凡释奠者，必有合也。（《礼记·文王世子第八》）

公元628年，大臣们正是引用了这段话来劝谏唐太宗，把周公从崇祀孔子的文庙中移出。后来，唐高宗（628—683年）时周公庙祀被恢复后不久，大臣们再次引用了这段话。他们争辩说，由于周公在周朝建立后制定了礼仪，他的神主应该被移入奉祀周王的祧庙中。唐高宗采纳了他们的建议，从此周公的神主就在周王祧庙里从祀。①

在把孔子确立为先圣以后，王朝采取了几项其他的措施，使这一庙祀具有鲜明的“孔圣”特点。有11个孔子的门人从

---

① 显庆二年，太尉长孙无忌等言：“《礼》：‘释奠于其先师。’……又《礼》：‘始立学，释奠于先圣。’郑氏《注》：‘若周公、孔子也。’故贞观以夫子为圣，众儒为先师。且周公作礼乐，当同王者之祀。”乃以周公配武王，而孔子为先圣。《新唐书》，《二十四史本》，北京：中华书局，1979年版，卷十五《志第五·礼乐五》，第374页。

祀于孔庙。在公元739年，孔子被追谥“文宣王”，他的孝慈像被高悬在庙中，面朝南方——也就是帝王的朝向。从这一年直到中华帝国终结的1911年，孔子、他的追随者和他们的学说，成为庙祀的中心。在此千年间，王朝周期性地更改孔子的头衔，修改祭礼的细节，并在孔庙里添列了圣人后来的追随者。但是孔子在王朝祭祀中的地位，从8世纪起到20世纪早期都一直是不可动摇的，即使对孔子的形象和他学说的阐释的争论从来没有停止过。的确，这是唯一生命力超过了中华帝制的王朝祭祀，后者一直到1911年的时候被正式地终结了。

为什么这些唐朝时候完全不同的事件交汇起来，形成了关于孔子的王朝祭祀？麦大维（David Mcmullen）① 认为，虽然世袭的贵族阶层在唐朝时候继续占据了社会和政治体系，但是受过经典教育的精英人士获得了相对独立的地位，并凭借他们在经典方面的深厚学问为自己在帝国赢得了重要位置。虽然国子监只接受皇族和贵族世家子弟，该教育系统也为那些没有世袭特权的年轻人提供了机会。在王朝的支持下，经典之学在7世纪时兴盛一时，为代表经典传统的孔子成为王朝祭祀的对象奠定了重要基础。强化孔子在儒家形成过程中的中心作用，抬高

① 著名唐史研究专家，英国剑桥大学亚非学院、中国研究中心主任，剑桥大学汉学名誉教授。

孔子与其门人之地位，也许也反映了唐朝文化景观的另一个上升形态。公元645年，以孔颖达为首的王朝诸儒开始编纂《五经正义》后不久，一位法号玄奘的比丘（约602—664年）从印度返回长安，带回了数百件佛教经典，并开始着手进行最大规模的佛经翻译工作。这些出现在唐王朝的、来自佛教的经文，以及对佛陀日益增长的虔信，一定促使了儒家学者阐明他们对中庸之道的见解。

到8世纪的时候，仅都城长安就有将近100座佛寺分布在各处。为应对佛教对中国社会越来越大的影响，韩愈（768—824年）撰写了充满激情的《原道》来捍卫儒教，极力排斥佛教和道教。他说，古代的圣人，从尧、舜到周公、孔子，教导人们要“仁”和“义”。他们所传之“道”，记载在经典中，并在礼仪中实践。这在不同职业和各种伦常关系中，甚至在人们的衣食上都有明显表现。韩愈强调：“因此，活着的时候，要体验人之常情；死了以后，要尽到伦常之理。行郊祀之礼，会得天神之助，祭祖则有祖灵之佑。”①

---

① 韩愈原文是：“是故生则得其情，死则尽其常；郊焉而天神假，庙焉而人鬼飨。曰：‘斯道也，何道也？’曰：‘斯吾所谓道也，非向所谓老与佛之道也……’”见《东雅堂昌黎集注》，卷十一，《杂著》，景印文渊阁四库全书，台湾：“商务印书馆”，1983年版，第1075册，第188页。

与在他身后三百年的朱熹《中庸章句》相呼应的是，韩愈接着在《原道》中叙述了儒家之“道”的历史传承：

尧以是传之舜，舜以是传之禹，禹以是传之汤，汤以是传之文、武、周公，文、武、周公传之孔子，孔子传之孟轲；轲之死，不得其传焉。

换句话说，韩愈认为孟子是得到“道统”传承的最后一人。韩愈认为，佛道之徒通过诋毁古代圣人教导之“道”来破坏儒教。他们毁坏人伦关系，以致“子焉而不父其父，臣焉而不君其君，民焉而不事其事”。韩愈的这篇《原道》对佛老的辛辣论辩和他对于维护儒家传统、反对邪说的清晰见解，都是前所未有的。

孔子的王朝祭祀

晚唐至宋（9—13 世纪）

祭祀孔子的基本原则，建立于 8 世纪中叶，唐以后的王朝一直没有背离过。作为先圣的孔子，在长安国子监和其他分布在帝国全境的官学文庙中受到奉祀。虽然缺乏明确的经典范例，王朝还是依据《礼记・文王世子》中关于向先圣先师释奠的记载，确立了这一祭祀。同时尚有其他两类人物得到了从祀，包括："五经"经典传统的创立者，以及孔子的门人。在 11 世纪，礼部对原来的基本准则做了改变，增补四个不符合以上两类标准的人从祀孔庙。这四位人物是：孟子、荀子、扬雄（公元前 53—公元 18 年）和韩愈，他们都自诩是孔子的忠实弟子。①

到宋代的时候，儒教在中国社会的地位得到了令人瞩目的提高。由于 8、9 世纪各地的农民起义，那些曾经在唐朝占据统治地位的强大藩镇势力迅速衰落。为了防止军事阶层势力的复兴，宋朝扩大了文官体系，并对通过科举考试的优胜者委以官职。而后统治明清时代社会的儒家士大夫阶层，也凭借的是在科举考试中的成功和对经典学问的精通——而不是仰仗世袭特权。随着儒家思想的重要性日益上升，关于正确理解其学说要义的争论变得日渐激烈。丞相王安石（1021—1086 年）利用官学机构来训练和招募骨干成员，以推行他的重要社会改革方案。当一个曾经跟随他的成员接替他成为丞相的时候，王安石神主也被列入孔庙，而他的反对者程颢（1032—1085 年）、程颐（1033—1107 年）兄弟的著述却被禁止列入科举考试的内容。

① 荀子与扬雄曾经一度因其学说被认为是异端邪说而被排斥于孔门之外。

这些所谓“革新派”，为达到自己的政治目的而对官学机构和孔庙肆意利用，虽然这样明目张胆的做法只是昙花一现，但是它开启了一个误导人的先例，并在由王安石改革而引起的骚动过去很久之后，最终被革新派自己的对手所采用。

王安石的政治对手从哲学角度反对中央政权推行自上而下的变法。程氏兄弟和他们众多的追随者，更倾向于在政府结构之外开展活动，来改变社会公德，使它们符合经典的原则。这在很大程度上由于王安石控制朝政而成为必要。二程及门人们认为，民众的道德不能通过自上而下的强令有所改变，而是需要通过在士大夫积极影响下的道德培养而渐进地转化，这在朱熹《中庸章句》中有雄辩的表述。他们相信，这样一个自下而上的方式所达到的效果，将会比任何公共的政令更为长久有效。与前人韩愈相似，程氏兄弟及其追随者，包括最著名的朱熹，尤其对佛教对大众风俗乃至儒家社会内部日益可见的影响而深感忧虑。朱熹认为，一道巨大的断层把他们所生活的堕落时代与古代圣人所处的黄金时代分隔开来。他呼吁让古代之“道”得到复兴。在《中庸章句·序》中朱熹指出，恢复这一失去的道统，需要理解从古代圣王到孔子乃至孟子的“传心”。

朱熹在他的时代也是位颇有争议的人物，他声称，在孟子——这位最后的圣人死后，只有程氏兄弟正确地理解了真正的“道”，他的思想最终被广泛地接受了。然而，这里存在着一个问题：如果最后一位理解“道”的圣人已经早在一千四百年前就离世了，程氏兄弟如何可能得到真传？朱熹认为，这关键在于辨明万物固有的本质——通常被称为“理”。玉雕大师会精心揣摩一块玉石，并按照其自身的天然纹理把它雕琢得巧夺天工，同样地，寻求理解“道”的人必须研究万物中所潜藏的本质之“理”。虽然万物皆有理，朱熹认为孝、义、仁等“物”是需要研究的最重要对象。圣人的经典遗产“五经”——具有最纯粹的这些“物”之“理”。朱熹特别指出，《论语》《孟子》《大学》（据称为孔子门人曾子所作）和《中庸》这四部经典（后来被称为“四书”）提供了通向“道”的门径。朱熹认为，仅仅对这些文本章句意义有着肤浅的了解，不可能懂得其所包含的微妙之“理”。汉唐大儒们没有能够辨明蕴含于古代经典中的固有之“理”，因为他们只是寻章摘句，注重文辞章句的表面意思，而不是寻求理解真正的“道”本身。①

朱熹警告说，探寻万物固有之“理”可能是危险的。而汉唐的经典学家们对文辞之外或者之中所暗含的意义研究得不够深刻（或者“不及”），而其他近世之人却走得太远（或者“过”），他们的主张与佛教观点相合，却与儒家的古代之“道”大相径庭。对万物之“理”的正确探究必须避免“不及”与

① 本书第四章探讨了朱熹对汉唐《中庸》注疏批评的例子。

"过"这两种错误，即对圣人言语肤浅的、字面的阅读与故弄玄虚、牵强附会的误尊。通过探究事物本质之"理"来理解"道"，这似乎是每个人都可以达到的，但是令人难以捉摸的是：有那么多人探求的是"假相"，它们似是而非，混淆了圣人之道。朱熹举了几个程氏兄弟门人因"过"而犯错的例子，通常是因为他们在早期教育中接触到佛教，并且从来没有把这一影响的痕迹从他们的思想中抹掉。①

朱熹把那些偏离了复兴古圣人之道使命的学者，从他的"道学"谱系中清除出去。他在那本影响很大的选集《近思录》中谈到了这样做的原则。而朱熹全集中那些看似一般说教的内容中则提供了大量的证据。在朱熹死后的那个世纪，一些最忠实的追随者仍然坚持他死板的规定。一部关于朱熹与门人对话的百科全书式辑录被称为《朱子语类》，编成于1270年。它向我们呈现了一个学识渊博、博览群书的学者，正是这样一位学者，严格地把儒家传统的主要人物分为"得道统者"与"未得道统者"。吕祖谦（1137—1181年），《近思录》的编纂者之一，似乎不加批判地依赖于汉代的注疏，并不太介意过去对道

① "游杨谢三君子初皆学禅。后来余习犹在，故学之者多流于禅。"《朱子语类》，北京：中华书局，1994年版，卷第一百一：《程子门人·总论》，第2556页。

德问题的评论。朱熹批评与他同时代的最重要哲学对手陆象山（1139—1193 年），因为陆象山主张可以跳过探究事物本质的必要步骤，用朱熹所认为的佛教顿悟方法来求“理”，另外也因为他试图寻求佛教与儒教之间的共同点。①

北宋的程氏兄弟反对利用官学机构来宣扬儒家之道，与之相对照，朱熹的追随者们在衰落的南宋王朝展开热烈讨论，要求把朱熹属于儒家传统的观点正统化。在此之前，只有一个人，也就是命运偃蹇的王安石，曾经被他所在王朝授予此殊荣。仅从这一标准来看，12 世纪在孔庙增列五位宋代儒宗（包括程氏兄弟和朱熹）从祀，成为一个非同寻常的举措。在宣布这一变化的时候，南宋的皇帝（宋理宗，1224—1264 年在位）重申了朱熹的道统观念，并明显地把宋朝的气运与朱熹所理解的儒家传统联系在一起。他列举了“道”在“四书”中的重要体现——道统在孟子之后的失传，以及宋王朝的两位哲学家程氏兄弟对“道”的重新恢复：“中兴以来，又得朱熹精思明辨，表里混融，使《大学》《论》《孟》《中庸》之书，本末洞彻，孔子之道，益以大明于世。”② 数年后，南宋朝廷通过提升曾子

① 《朱子语类》，北京：中华书局，1994 年版，卷第一百二十四，第 2976—2983 页。

② 《宋史》，卷四十二，《理宗二》。

（据称为《大学》的作者）和孔伋（所谓的《中庸》作者）的地位，使他们与颜回和孟子一起从祀孔庙，这样“四书”的作者都被提到了正统地位。

然而，南宋王朝还是避免把《朱子语类》中所建立的狭隘“道学”观确立为正统。除了朱熹以外，宋王朝也奉祀其他杰出的宋代大儒，虽然他们对“道学”观并不持反对态度，但是其学说观点也并不完全与“道学”观相一致。王朝也不把关于“道”的狭隘观念强加于科举考试中。虽然程氏兄弟和朱熹的著述曾经被短暂地从科举考试的课程中废除过，宋王朝从来没有像其后继者那样，在科举考试中要求加入道学注疏。根据科举考试的成功，而不是世袭的特权来任命官职，已经在仅仅几个世纪之前成为占统治地位的吏治。事实上，把精通儒家经典作为任命官员的标准，已经成为相对狭窄的、通向仕途的晋身之道。在许多宋朝官员的集体记忆中，王安石强力推行他对儒家传统狭义的理解，仍然是一个近在眼前的噩梦。在南宋朝，很少有人希望重复王安石的王朝集权方式，来推行政治和文化的改革。利用王权来推行一个狭隘的王朝意识形态，很大程度上在宋朝也是前所未有的，它让人回想起历史上臭名昭著的政策，如秦始皇的“焚书坑儒”和武则天利用佛教来镇压朝廷中对她统治的不满。

元、明、清（14—19 世纪）

与宋朝从来没有认同“道学”这一排他的儒家理论相对照，宋以后的三个朝代把程颐和朱熹的学说融合在一起，称为“程朱理学”。蒙古人建立的元朝，要求参加科举考试的汉人依据朱熹的《四书章句集注》《周易本义》和《诗集注》。宋朝对《仪礼》和《尚书》的注疏取代了唐朝的版本，而包括朱熹在内的几位学者的评论出现在元版的《春秋序》中。

我们很难推断程朱理学对蒙古人统治下的元朝的影响，因为他们严格地限制可以获得进士的汉人数量。元朝优先把朝廷要职任命给蒙古人和他们的军事盟友，以便限定汉人在王朝的影响。但是如果说朱熹对元朝行政与政策的有形影响还不是很清楚的话，那么他对明初儒学大宗学说的影响则是十分明显的。虽然不是每个人都赞同朱熹的观点，但是事实上明代所有著名的思想家都以朱熹的著述为试金石，他们要么引用他的话来支持自己的观点，要么通过批评他的观点来形成自己的不同见解。考虑到朱熹的《四书章句集注》在明代教育中的普及，他所具有的卓著声望也就不足为奇了。在王阳明（公元 1472—1529 年）使陆象山（朱熹的主要对手）免于被人遗忘以前，实际上没有人引用过陆象山的著述。的确，绝大多数士人也只是通过朱熹对他的多次批评而听说过他，这些批评的言论可以在广泛流传的《近思录》《朱子语类》和《性理大全》中找到。

在明朝统治的前半世纪中，不断有文臣上书要求对可以从祀孔庙的人物制定严格标准，来支持朱熹对儒家传统的理解。1370 年，一套关于孔庙改革的奏折递到了明太祖的手中并引起了关注，因为它涉及争论的条款，直到一百五十年后朝廷最终接受了绝大多数的建议。这些建议中，他们要求恢复古代用神主来代替神灵的做法，而不是用塑像或者画像。他们也建议当时先祭颜回、曾子和孔伋，后祭其父（也与孔子门人列在庙中）的做法应该停止，因为这有违孝道。这些改革建议也争论说，孔子从来没有作为君主治理过国家，他的谥号“文宣王”应该被更正，他的神主位也不应该朝南，而是朝东，这样才符合卿相或者先师的身份。

明代的文官们要求停止在孔庙从祀与“传道”者并列的荀子、扬雄等人。在 15 世纪，明朝文臣对扬雄等人曾经发表的攻击道德的言论提出了直率批评。他们说：“今当理学大明之后，《易》用程、朱，《诗》用朱子，《书》用蔡氏，《春秋》用胡氏，又何取于汉魏以来驳而不正之人，使安享天下之祀哉?”①半个世纪后的 1530 年，在嘉靖皇帝的强大支持下，明王朝最终接受了这些关于祭仪和儒家学说的建议，详细地重申了由

① 见清代秦蕙田：《五礼通考》，卷一百二十，景印文渊阁四库全书，台湾：“商务印书馆”，1983 年版，第 137 册，第 897 页。

以前的上书者所提出的改革依据。这些改革一直贯穿了随后的明清两朝。一位清初的皇帝坚持要求提高朱熹在孔庙中的位次，把他的神主置于孔子的11位弟子中，这推翻了严格按年代排列的神主位顺序。对朱熹理学的推崇就此画上了完美的句号。

结　论

中华帝国的正统信仰，是在朝廷上围绕儒家学说争辩的产物，后者几乎一直是被争论的对象。虽然对这样的争论做出最后决断的权威主要是皇帝，但是，即使是最专制的统治者也避免总是发号施令，而是会褒扬那些观点正合其意的大臣的主张（如果说皇帝确有自己的观点的话）。明朝的第一个皇帝——一个专制帝王的典型，通过采纳那些在朝廷上得到支持大于反对的大臣的主张，进行了影响深远的孔子祭祀改革。关于奉祀孔庙的朝廷辩论，直接影响科举并被纳入科举考试的预备课程中。那些通过科举考试的人，往往在朝廷和文官系统中占据要职。因而崇祀孔子、科举考试以及官员任命，在明清时代形成了权力关系。通过科举考试和孔庙祭祀，王朝使正统信仰得到了制度化推行，延续了朱熹在《四书章句集注》中提出的一贯主张。那些拒绝接受朱熹《四书章句集注》的考生，往往会在科举考试中落第，因而很少有机会能获得官职。尽管如此，程朱理学的坚定批评者还是在明清书院和文人聚会中兴盛一时，无惧于朝廷的报复（除非他们尖锐的言辞刺激到了皇帝本人或者其他权臣）。

以上简要地对神灵奉祀做了大致的讨论。今天，当这样的内容已经从绝大部分人的生活经验中消失的时候，我们该如何理解这些祭祀仪式？我们无法目睹皇帝登上圆形祭坛来隆重祭天的场面——最后一位皇帝举行这样的祭天仪式已经距今一百年了。孝子对着先祖在天之灵，举杯奠酒的真切感受和心情，我们也无法分享，因为要完全理解这样的祭礼，要求我们至少在成长的过程中一直相信：我们的先祖在死后并没有完全消失，他们的精神仍然围绕着我们，伴随着我们的一举一动。

尽管没有亲眼见过这样的祭祀仪式，一个人还是可以想象他站在献祭者的身边，近距离看着他们依照仪式文本的记载而进行的每一个活动。我们也许可以认真思考司祭师（称为通赞）关于这些仪式必要性的教导，聆听他指导年轻的后辈如何向圣人神主献祭酒食。这样了解孔子祭礼的方式可能会缺乏对仪式的直接观摩，但是由于缺乏第一手的经验，除此以外别无他法。下一章将会讨论在孔子去世很久以后，什么是关于他最富个性化的经验：他的神主被供奉在小镇的孔庙里，那里是他曾经闲庭信步，并谆谆教导弟子的地方。

推荐阅读书目

1. 关于对中国宗教主题的一般性介绍，请参见 Stephen Teiser, "The Spirits of Chinese Religions," in Donald Lopez Jr., ed., *Religions of China in Practice* (Princeton, NJ: Princeton University Press, 1996), 3—37.

2. 关于儒士在唐代的兴起以及他们对朝廷礼仪的讨论，请参见 David McMullen, *State and Scholars in T'ang China* (New York: Cambridge University Press, 1988.)

3. 关于孔子崇祀与王朝正统的形成的联系，请参见 Thomas Wilson, *Genealogy of the Way: The Construction and Uses of the Confucian Tradition in Late Imperial China* (Palo Alto, CA: Stanford University, 1994.)

4. 讨论清代礼仪的代表作有：Angela Zito, *Of Body and Brush: Grand Sacrifice as Text/Performance in Eighteenth-Century China* (Chicago: University of Chicago Press, 1997).

5. 讨论官方和民间关帝信仰的代表作有：Prasenjit Duara, "Superscribing Symbols: The Myth of Guandi, Chinese God of War," *Journal of Asian Studies* 47, No. 4 (November 1988): 778—795.

6. 关于庙祀历史的中文文献包括：金之植、宋泓编：《文庙礼乐考》（1691）；孔继汾：《阙里文献考》（1762）；李之藻：《类宫礼乐疏》（1618）；吕元善：《圣门志》（1613）；张朝瑞：《孔门传道录》（1598）。

第六章

在宗庙与祠堂里的孔圣人

魏伟森

子曰："吾不与祭，如不祭。"①

——《论语·八佾第三》

在中华帝国晚期（960—1911 年），孔子出现在两个互有重叠的祭祀中。在前一章中，我们看到在国子监的文庙中，孔子作为"至圣"受到王朝和文官的崇祀。明清两朝把在北京的孔庙中奉祀儒家代表人物，作为公开传播国家正统信仰的活动。本章的叙述从北京转向山东曲阜，在那里，孔子被他的后代奉

① 在清刘宝楠的《论语正义》卷三中，有这样一段引文："祭如在。〔注：孔安国曰："言事死如事生。"〕祭神如神在。〔注：孔曰："谓祭百神。"〕子曰：'吾不与祭，如不祭。'〔注：包曰："孔子或出或病，而不自亲祭，使摄者为之，不致肃敬其心，与不祭同。"〕"《论语正义》（北京：中华书局，1990），卷三，第 53—54 页。

为家族始祖。他的直系后裔得到王朝赐予的世袭封号，拥有广阔的封地，范围后来扩大到曲阜以外的地方。本章试图探讨互有重叠的宗庙与祠堂祭祀活动，并提出两个主要问题：最具代表性的孔氏家族是如何祭祖的？孔子崇祀在整个帝国统治中具有怎样的地位？

为了回答这两个问题，本章的叙述集中在孔子的七十一世孙——孔昭焕，还有他作为“衍圣公”所主持的两个重要祭仪：在 1746 年冬至的时候孔家举行的祭祖仪式，和 1749 年 3 月举行的孔庙祭祀。遗憾的是，关于这两次祭祀仪式的详细历史记录并没有留传于世。祭孔祀典的细节在经过了不断的争论后，逐渐成为定式。当真正的祀典开始的时候，除了有两位司仪（通赞、引赞）宣布仪式的每个步骤外，还有数位监祭纠仪官严格监督预定仪式的进行。此外，至少有两位引赞指导着每个参与祭礼的人。所有参与这一祀典的人在正式仪式以前都要参加预演练习。虽然多次的演习和过细的监礼并不能避免出现疏漏或偏差，但是我们有理由相信，任何偏离祭礼的重大失误，都会被不止一位监祭纠仪官发现，并得到及时纠正。对这两个仪式的描述需要发挥历史的想象，想象的起点基于那些相距不超过数十年的古代文献记载。那些无疑被理想化了的文献记载，说明当时的礼仪权威在祭礼中扮演什么样的角色,① 让我们在今天得以了解这一看似十分神秘的仪式。

中国人有选择性地从不同宗教中接受各种元素，并很少让自己执着于任何一种宗教。因为儒教、道教、佛教和民间宗教信仰与实践，在许多人的日常生活中以多种方式重叠在一起，理论上，我们不可能概括中国人的宗教。不过，在过去的一千年里，几乎所有生活在中华大地上的人们，都曾经向他们的祖先祈过福，并供奉过酒胙。他们从不同传统中汲取经验，通过即兴表演的细节来演示这些礼仪。实际上，作为唯一被不同阶层的人所共同分享的宗教活动，先祖祭祀为了解中华帝国晚期中国人的宗教生活提供了重要依据。从第四章关于《中庸》的讨论中我们可以看到，孝子对先祖虔诚的敬奉提供了这样宗教实践的特殊儒家模式。我们对中国人先祖祭祀仪式的探寻，始于一个叫孔昭焕的十二岁少年。在一个寒冷的冬天早晨，这个少年就站在群山环抱的山东阙里古城一座庙中。

---

① 我在本章中对这些仪式的描述是根据编撰于“衍圣公”孔昭焕时代的祭礼文献。祭祖的内容土要依据 1765 年孔继汾编撰的《孔氏家仪》。关于孔氏家族特定成员的介绍出自陈镐的《阙里志》、孔德成的《孔子世家谱》、李景明的《家族世系》和《孔子像、衍圣公及其夫人肖像》。孔庙祭祀是基于孔继汾 1765 年完成的《阙里文献考》（卷十九，1a—16b）和潘相 1774 年纂修的《曲阜县志》（卷四十六，1a—9b）。

乾隆十一年冬至（1746年12月26日①）

衍圣公府　报本堂

从这位年轻的“衍圣公”能记事起，他每天早晨都会来到这个叫作“报本堂”的大厅。在这样冬至日祭祖的日子，先祖的牌位被供奉于龛内，而昭焕与他的两个妹妹、慈爱的母亲以及祖母、曾祖母跪在五个献案前，向他们的先祖行礼。在这个寒冷、黑暗的冬至日早晨，五代先祖的神主将会从龛中被恭敬地请出，供奉于献案之上。在一个小时之久的祭礼中，先祖之灵将会附着于写有他们名字的牌位上，静享一顿包括肉、谷物和酒等祭品的盛宴。这样的祭礼是很特别的，年仅12岁的“衍圣公”要以小主人身份带领他最亲近的家人举行祀典，因为他是被称为“至圣先师”的孔子的直系后代。

那些神主在祭祀中扮演了一个十分重要的角色，但是昭焕的注意力被与真人一般大小的先祖肖像所吸引。在古代，穿衣着袍的先祖塑像被供奉在祭祀用的献案上，子孙辈们跪坐在塑像前，默想着这些塑像就是他们过世的先祖，在接受献祭之酒。据信，先祖们可以通过祭酒和汤的香气来享受奉祀的盛宴，因

① 即乾隆十一年农历十一月十五日。

而挂像代替了塑像。这些挂像一定要在每个细节上都力求逼真，这样当“衍圣公”看到先祖挂像的时候，他就可以看到他们栩栩如生地端坐在他的面前，并在他奉爵之时安享酒食。昭焕身负重任，因为他要在这样的祀典中代表孔氏家族。而要保证祭礼的成功，他必须要对先祖之灵全神贯注。

孔昭焕在五个献案上分别上香，以引导先祖之灵各就其位，再洗爵、酌酒，他默默地端详着先祖孔思晦（孔子第五十四代孙）及其夫人的脸庞，耳边回响着司仪对这位先祖的敬慕之辞，“天资颖秀，羁卯读书即识大义”①。在几天前，昭焕为了这一祭礼在家庙中斋净，他坐在一张大桌子前，年迈的司仪在桌上打开了一册卷子，上面用毛笔工工整整地写着他的先祖的名字。第五十四代“衍圣公”的名字列于厚白棉纸的顶端，下面依次竖排着不同的名字：孔思晦之后的五代孔家传人，每代之间用一个短竖线相连。在最末一个名字——孔子第五十九代孙孔彦缙的下面，有四条竖线连接着他的四子之名。孔彦缙的四个儿子共生有五子，五个儿子又育有十二子，依此往下延续。这些名字很快在家谱上延展，每一个名字通过一条竖线与其父亲相连。左边的名字在每隔数代后就中断了，下面用小字作注，

① 陈镐：《阙里志》，济南：山东友谊书社，1989 年版，卷二，第 46b 页。

标明“另立家室”。这些儿子在很久以前就搬出了昭焕所住的“衍圣公”府第，在镇上或者县里别处另建住所，有的搬到很远的地方。只有地位高的那一支谱系一直往下延伸，没有中断，一直到昭焕这一代为止。昭焕的视线又停留在家谱上列于他之前的第十七代的名字，并追忆这位最杰出的先祖。他抬头看着司仪，好奇地问道：“报本堂肇于五十四代公，而不肇于孔子，何也?”

司仪于是向他解释了古代的家庙祭祀体制，以及为什么孔氏宗支在报本堂的祭祖上溯至孔思晦，而不是孔子。他说，元仁宗（1311—1320 年在位）的时候，曾授爵给孔氏第五十四代祖孔思晦，当时天下和孔氏家族都历经变乱，宗庙之事无暇顾及，子孙祭祖不再上溯远祖，孔氏的报本堂家祭就尊孔思晦为“肇祀祖”。接着，他又解释了孔氏宗支与旁支在祭祖定例上的区别：“（报本堂）五间，中室奉五十四代祖考妣神主，左一室奉宗子之祖考妣神主，又右一室奉宗子之考妣神主……此孔氏大宗之家庙也……小宗之支，子孙又各自以始分支之祖别于其家，立庙奉之……支庶之庙……惟祭止及三世。”①

昭焕预想着即将开始的宏大祭祀仪式，身体微微战栗，但

① 孔继汾：《孔氏家仪》，济南：山东友谊书社，1989 年版，卷一，第 1a—1b 页。

更多的是对终于要敬奉肇祀祖的强烈期待。司仪慈爱地看了他一眼，话头一转，语调略显兴奋地告诉他，最大的祭礼是在曲阜孔庙中举行的释奠，一年有四次。此乃王朝祭祀，是为了崇祀圣人与其他儒宗。所有信奉中庸之道的人都可以参加，包括府县学的学生，他们中的佼佼者可以和老师、地方官一起，有幸在孔庙大成殿前表演六佾舞。朝臣们也从京城来到曲阜，有时皇上也会亲临。据说圣上可能在两年后再度现身大成殿。听到这里，年轻的昭焕不由得激动地睁大了眼睛。

老司仪俯视着家谱，郑重地说，以后还有时间再讨论其他的祭仪，现在还是只想着报本堂的祭祖。要保证祭祖顺利进行，孝子需要想象先祖生前活着的样子，保持虔敬之意，否则就会失去祭祀的本意。如《礼记·祭义》所要求的，“斋之日，思其居处，思其笑语，思其志意，思其所乐，思其所嗜”，这样斋净三天就可以见到先祖了。到了祭祀的那一天，孝子的一举一动都要恭恭敬敬，诚心诚意的：当他站立时，必须谦恭而内敛；当他带着祭品挪步前行时，必须虔敬而愉快；当他向先祖敬献祭品时，必须小心谨慎而满怀期待；当他完成献祭肃立一边的时候，他要像敬待先祖的教诲一样保持肃立；等到祭品撤下，孝子退下献案的时候，他的脸上始终保持着庄重的神色，这才是孝子的祭祀。如果他站着而不恭敬，那就是无礼；前行时不满怀喜悦，那就是疏远先祖之灵；进献时没有期待之心，那就是吝啬；退立一边而不像等待先祖训诲的样子，那就是傲慢；献祭礼毕退下来后，却毫无庄重的神色，那就是忘本。如果像这样祭祀先祖的话，就完全失去了祭祀的意义。①

司仪停顿了一下，让这位年轻的“衍圣公”掂量掂量这些话语的分量。然后他转向展开在桌上的家谱，继续描述他心目中的第五十四代“衍圣公”。他说，孔思晦曾师从著名学者张𫖯（1236—1302 年），研习义理。宋仁宗特授予他中议大夫之位，并赐三品银印。接着司仪的表情变得凝重起来，他告诉昭焕，在孔氏家族史上曾经发生过的真假孔氏后人之争，以及第五十四代祖孔思晦为捍卫孔门正宗而做的斗争。他说：“五季时，孔末之后方盛，欲以伪灭真，害宣圣子孙几尽，至是，其裔复欲冒称宣圣后。思晦以为：‘不早辨则真伪久益不可明，彼与我不共戴天，乃列于族，与共拜殿庭，可乎？’遂会族人，

① 见《礼记正义》，卷四十七《祭义》：“其立之也，敬以诎；其进之也，敬以愉；其荐之也，敬以欲，退而立如将受命。已彻而退，敬斋之色不绝于面，孝子之祭也。立而不诎，固也；进而不愉，疏也；荐而不欲，不爱也；退立而不如受命，敖也；已彻而退，无敬斋之色，而忘本也。如是而祭失之矣。”《十三经注疏本》，北京：中华书局，1980 年版，第 364 页。也可见理雅各（James Legge）的英译本：Li Chi：*Book of Rites*：*an Encyclopedia of Ancient Ceremonial Usages*，*Religious Creeds*，*and Social Institutions*，trans. James Legge（1885；many reprints），Vol. 2，211.

稽典故斥之，既又重刻宗谱于石，而孔氏族裔益明矣。”① 当昭焕经过“衍圣公”府与宏伟的孔庙之间的廊庑时，他多次驻足端详着这个石碑。它几乎有10英尺高，上面刻着孔氏先祖的名字，分成了20个支系。肇始于“衍圣公”孔思晦并延续到孔昭焕的这一支，在石碑上占据了主要的，或者右边的位置，很容易把它与其他孔氏支系区分开来。

在这个寒冷的冬日早晨，昭焕站在报本堂的献案前，看着口中呼出的热气转瞬凝结成霜，这使他一时分散了注意力。他的手是冰冷的，但是他厚重的冬至日祭祀礼袍还是令他觉得很温暖舒适。那些神主的影子随着摇曳的烛光跳动着，好像那些魂灵把昭焕的思绪唤回到他们的身上。他不由得想起了司仪说的关于孔思晦在辞世那天所发生的神异之象：“卒之日，有鹤百余翔其屋上，又见神光自东南落其舍北。”②

站在昭焕身后右侧的引赞高声诵道：“献爵！”昭焕从司爵官手上默默接过酒爵，向着五十四代先祖的神主献酒，并将一小部分酒洒在地上，以便祖先的魂灵能够循迹而至。然后他把酒爵递给了太祝官，并由后者把它重新放回献案上。昭焕跪拜，再起立，所有在场的人都始终跟着他的一举一动。然后昭焕移

---

① 见《元史·孔思晦传》，北京：中华书局，卷一百八十，第4169页。
② 陈镐纂：《阙里志》，卷二，第48a页。

步到肇祀祖左侧的献案右侧。他端详着五世祖的肖像，想起司仪所说的关于他另一位先祖孔毓圻（孔圣人第六十七代孙）的话。据说，孔毓圻在10岁的时候，被袭封为“衍圣公”，他在王朝祭祀中所表现出的深思熟虑和熟识礼仪，给康熙皇帝留下了深刻的印象。在他身为“衍圣公”的漫长岁月中，他起早贪黑，不辞辛劳。闲暇时光，他爱画兰与竹。昭焕又把目光移到毓圻夫人张氏的肖像上。她是山东总督张铉锡之女，这段婚姻使孔氏家族与一个在山东省举足轻重的家族建立了密切联系。在毓圻22岁的时候，张氏去世，他再娶山东按察副使方恒之女。方恒来自江苏的风雅小镇昆山。方氏本人也是一位颇有声名的女诗人。她为毓圻生下数子，但是在丈夫35岁时亦不幸离世。之后，毓圻又娶了第三位夫人黄氏。这一年，黄氏已经60多岁了，此时她正与孔家的其他妇女一起端坐在报本堂上。

孔昭焕郑重地逐一祭奠了几位先祖，他态度恭敬，和他祭奠孔家的肇祀祖孔思晦时一样。礼毕，他移向献案的左侧，那里挂着他的曾祖父孔传铎和他两位夫人的肖像，孔传铎像居中，两位夫人各在一侧。昭焕想起孔传铎曾经在大饥荒的时候，打开自家粮仓来赈济上门求助的成千上万的饥民。他是一位出色的诗人，也是精通《礼记》的学者。昭焕被他曾祖父的肖像深深吸引住了。他想，曾祖父在让人为他画这幅坐像的时候一定快60岁了。那个时候，他已经开始受到关节炎病痛的折磨，行走不便。在传铎应召到京城的时候，雍正皇帝注意到他的疾患，并吩咐他把陪祀的责任转交给其他人。传铎的长子已经在十年前就不幸早逝了，所以他的次子孔继汉代表孔家赴京。后来孔广棨（1713—1743 年）——孔继汉之子，昭焕的亲生父亲，在 18 岁的时候被封为“衍圣公”。昭焕对这位在他出生数月后就离世的曾祖父没有什么印象。他从画像上曾祖父凹陷的双眼可以感受到他曾经遭受的病痛折磨，但是他的身体其他部位看来却是充满荣耀的：一绺胡须一直垂到胸前，右手放在用玛瑙和水晶做成的朝珠上，朝珠上还点缀着绿松石。他戴着红黄镶边的夏朝冠，在三品顶戴花翎上缀着一颗红宝石。他的黑袍胸襟上绣着五爪的黄色龙和红色龙，这个基本图案重复出现在肩膀、袖子和褶边的部位。他纯黑色的上衣使里面袍子的刺绣图案显得黯淡不清。孔传铎的第二位夫人李玉为他生了儿子孔继汉。李玉坐在铺着虎皮的椅子上，戴着精致的蓝色饰头巾，上面缀着珠宝和数套的三串珠。五串红、蓝和黄宝石做成的坠子从头饰的顶端下垂及肩。在绣着四爪蟒红袍的宽袖下，她的双手紧握着。无袖的深蓝色礼服背心外面，罩着红色的袍子。

他用同样的礼节祭奠了这些先祖的亡灵，然后移步到他祖父母神主所在的献案前。他端详着祖父孔继汉年轻的面孔，据说他去世时年仅 23 岁。他潜心读书，还创作了一本诗集。虽然他生前从未被袭封过“衍圣公”，但是在 1735 年，他死后数年，被追谥了这一封号。他的夫人来自京城安平区门第显赫的王氏家族，王家之子都在朝廷身居高位。王氏的父亲也在京城内阁掌权。那个冬至日的早晨，50 多岁的祖母王氏也坐在报本堂上参加祭祖。

最后，昭焕凝视着画像上父亲和善的眼睛，那里似乎闪过一丝不易察觉的微笑。昭焕曾经为父亲守丧三年，他从相对孤独的哀悼期回到正常的生活才仅仅数月。他现在期待以完全不同的心境来再次接近他的父亲，也就是通过祭祖的适当仪式，这也正是祭祖的目的。司仪告诉他，第七十代“衍圣公”孔广棨为人有义气，坚毅率直。他从不对人有成见，受人爱戴，甚至对他的家仆，就算他们鲁莽无礼，他也总是耐心地倾听他们的诉说。在他很小的时候，他的祖父开始教导孔广棨明白自身的责任，把他带到京城的朝廷之上。在 18 岁继承祖父成为“衍圣公”后，广棨经常到京城国子监观礼，并在乾隆三年（1738 年）陪祀社稷祭，他的形象也被画入了巨幅卷轴画中。此后，广棨写了两篇关于礼仪的文章，令皇帝大悦。他也数次到京城国子监旁听关于儒家经典的讲授。那些年是孔氏家族与皇上关系最亲密的一段时间，但是很快这样的喜悦就因为与地方官的论争而蒙上了阴影。昭焕很快就把那件不愉快的事抛在脑后，他更多想到的是父亲的学术意趣：他曾经著有八册文集和数册诗集。接着，昭焕从捧爵生手中接过酒樽向父亲恭敬地祭奠。

在第一次祭奠先祖之后，昭焕站在那里，静听太祝生诵读祝文。然后，他返回到原来所立之处——报本堂外台阶之下，等候着被召回报本堂。在第二次献祭祖先的亡灵后，昭焕喝了一点酒，并分到一些福胙，稍后他将和家人一起分享。引赞把供桌上的碗碟稍稍挪动了一下，表示对祖先之灵的献飨已经完毕。祖先之灵随后被护送出家庙，他们的神主重新回到了龛中，所有的参祭者也从庙中移出。最后祝文被焚化在院中的砖炉里，整个祭祖仪式就此结束。

从祖先到神灵

自宋代以来，各行各业的中国人都曾见到过某种形式的先祖祭祀。无论信奉何种特殊的宗教，他们都分享着构成先祖祭祀基础的某些基本信仰。这些信仰中最重要的一条是，死去的亡灵仍然在人间逗留，并且影响他们活着的子孙的健康和幸福。根据《左传》《礼记》等经典，神灵或者魂灵本身是一个复杂的存在物，包括“魄”——“阴之盛也”，是一种赋予生命形体的阴气；和“魂”——“阳之盛也”，形成人的意识的阳气。当有形的身体在死后腐烂分解到土壤中，“魄”也消失于空中。如果得到恰当的看顾，亡者的“神”仍保存其神性的精华——神、意、志，并能在宇宙中发挥一定的作用，保护其子孙，包括活着的和亡故的，与他们融为一体，互相保佑。一个先祖的亡灵所具有的力量取决于他或者她生前的地位或者成就，以及后代对先祖敬奉的程度。

除了关于亡魂的共同认识外，中国人在关于先祖与神灵的很多关键信仰上有着不同的看法，很大程度上取决于其教育背景和社会地位。怀着对昊天上帝和权威世俗神所统治的太平盛世的憧憬，儒家之士对神灵一直存有敬畏之心。相反地，变幻无常的恶魔充斥在大众的宗教意识中。那些认为自己被忽视的神灵，收买神灵世界的底层人物和新近死去的、寻求报复生者的亡灵，从而成为人类焦虑的来源。人们聘请道教的驱魔师，与恶魔及图谋报复的亡灵斗法。这样的信仰常常超越了社会界限。对不见于经典文献记载的恶魔的恐惧，存在于农民、城市商人和正直的文人学士之家。关于阴间的道教图画，对未受教育的普通大众如何想象灵魂在死后要穿越的阴曹地府有很大影响。也许最广为传播的信仰，是佛教的因果报应，它深刻地影响了明清时代的人们理解死的本质和原因，以及他们如何想象自己的祖先会在地狱里受到怎样的折磨。①

---

① 参见 Stephen Teiser，*The Scripture of the Ten Kings and the Making of Purgatory in Medieval Chinese Buddhism*（Hawaii：University of Hawaii Press，1994）*and Richard Von Glahn*，*The Sinister Way*：*the Divine and the Demonic in Chinese Religious Culture*（Berkeley：University of California Press，2004），141—152.

曲阜孔家举行了依据经典的祭礼，那些经典也支配了王朝和文人士大夫的家礼。代表了整个礼仪中关键因素的“衍圣公”的省思，得出了关于这些礼仪的重要领悟。为了向亡灵献祭，“衍圣公”自身必须达到精神—肉体净化的状态。为此，在仪式之前的几日，他闭关于庙中，专心致志地念想着那些将要接受献祭的亡灵。就在仪式之前，他沐浴更衣，换上祭礼专用的礼服，在碰触酒樽以前，他要先洗手，在同样经过洗手礼的司樽者把酒樽斟满酒以前，他还要荡涤酒樽。经过斋净的“衍圣公”开始执行一整套祭祖的仪式，包括向祖先的亡灵举樽敬酒，注视他们的肖像，回忆他们生前的言行和成就。在向每一位亡灵献祭三次后，“衍圣公”把得到亡灵赐福的剩酒一饮而尽。这一举动把“衍圣公”与其他陪祭者区分开来。作为主祭者，他站在亡灵和陪祭的人群之间，代表后者向亡灵献祭，引导他们经过祭礼的每一步，他们跟着他一起斋净，并随着他在祭礼当中一起跪拜。

当“衍圣公”接近亡灵的时候，他与他们保持一定的距离，并没有实在的接触。这一恭敬的距离使正统经典礼仪与那些由萨满师和驱魔师所实施的宗教仪式区分开来。明清时代的儒家人士认为，萨满师和驱魔师通过与魂灵不恰当的亲密接触而亵渎了他们。孔子曾经告诫一位门人要“敬鬼神而远之”。

一位注释者解释这段话说，“谓以礼敬事鬼神也”①。

“衍圣公”祭祖的特权来自他与祖先谱系上的亲近，而不是他所具有的深奥知识。的确，“衍圣公”常常缺乏完整的礼仪知识，因而司仪总是在礼仪的每一步骤来引导他。关于礼仪的文献强调对实际仪式的掌握，但是即使是一位男童，只要他是先祖的直系后代，也可以主持仪式。成功的祭祖仪式要求献祭者对亡灵有虔敬之心，这样的感情产生于浸润在后代“骨血”中的孝。那些继承了由“魄”所传播的精气的后代子孙，特别是谱系中地位最高的“宗子”，可以与他们自己的先祖建立联系。出身的顺序，而不是美德，决定了谁可以继承世袭的名号，住在堂皇的府第之中，以及在家庙中带领家族祭祖。作为孔子最直系的男性传人，孔昭焕在九岁的时候成为孔家的少主人，甚至比他年长的亲属也只能具有比他低微的地位。不过，血统并不是神圣不可侵犯的教条，因为偶然的情况下，家族的长者也会由于宗子的腐败而剥夺他（们）的地位和特权。孔家因而竭尽全力地通过教育和适当的培养，使宗子具有足够的能力来实践其对家族礼仪和管理的责任。

像绝大多数明清时代的宗族组织一样，孔氏的祭祖是根据父系后代的原则在宗族内部分层。孔氏族人依照由谱系决定的

---

① 《论语正义》，卷六，第22页。

高低顺序在家庙里排列他们的先祖神主：肇祀祖孔思晦居中，与“衍圣公”最近的四世祖按照长幼顺序分立两边，在肇祀祖左侧的长者称为“昭”，在其右侧的晚辈称为“穆”。安排神主位和向亡灵献祭所按照的顺序，据信是与宇宙固有的并由神灵统治的秩序相一致的。同样地，所有活着的男性后代明显占据了父系宗族中的指定位置，其依据是一本存放在家庙后屋的一个盒子里记录详尽的家谱，该家谱从未示于外人。庞大的孔氏家族仅在曲阜地区就有2000多个活着的后代，这使得保存这样记录谨严的家谱成为必要。“衍圣公”一家，称为“大宗”，居于一个庞大的宗族之首，该宗族按照父系原则分出60个亲疏不同的旁支，嫡长子的后裔比他（们）同宗兄弟的后裔具有更高的礼仪地位。这些家谱原则把宇宙的自然顺序，转化为活着的后代子孙的宗族组织，它保证祖先会按照恰当的次序得到奉祀。据称是10岁的孔昭焕所写的1745年孔氏家谱《序》确定了这样神圣的类比：“家之有谱，犹国之有史也。史不信则获罪于天，谱不信则获罪于祖。《记》曰：‘万物本乎天，人本乎祖。’”①

除了报本堂外，“衍圣公”还在家庙主祭。所有陪祭者要

① 孔德成：《孔子世家谱》，济南：山东友谊书社，1990年版，《旧序》，第14a页。《礼记·郊特牲》有“万物本乎天，人本乎祖，此所以配上帝也，郊之祭也，大报本反始也”之语。见《礼记正义》，卷二十六，第1453页。

么姓孔，要么嫁入孔门。家庙接纳所有孔氏活着的后代，因而也不得不奉祀很庞大的先祖亡灵和照顾其他活着的族人，不难想象这一数字应该是成千上万的。报本堂所祭祀的祖先从“衍圣公”父亲到第一位封为“衍圣公”的肇祀祖——第五十四代祖孔思晦；而孔氏家庙则供奉所有族人共同的祖先孔子，他被称为孔家“始祖”，同时也包括孔子的儿子、孙子以及他们的妻子。庙中还供奉孔子第四十三代孙孔仁玉，他被称为“中兴祖”。根据族谱中记载的故事，在唐朝衰亡后的动荡时代里，有位叫“末”的出身低微的暴发户，自命孔姓，并密谋杀害孔氏嫡裔——孔仁玉的父亲孔光嗣及其他在曲阜的孔氏族人，霸占孔氏祖地，据为己有。数年后，官府对孔末进行调查，朝廷处死了孔末，恢复孔仁玉作为嫡裔的正当地位，并赐予他“衍圣公”的封号。作为那些动乱年代的唯一幸存者，孔仁玉在孔氏家庙中成为所有正宗孔氏后人的共同先祖。①

当孔昭焕在曲阜三座孔庙之一主祭孔氏先祖时，表面上属于私人领域的祭祖仪式转到了王朝祭祀的公共空间。坐落在东西向轴线上的三座孔庙，供奉着一系列完全不同的，但又相互

① 孔末的后代仍用孔姓，所以不是在曲阜的每位姓孔的人都是孔子的后代。家谱资料把这些孔姓称为“外孔”，我用“真孔”来称呼那些在家谱中作为孔仁玉后代的“内孔”，以示区别。在 1995 年我与孔氏后人的交谈中，他们说孔氏族谱（家谱）中仍然记录了这些区分。

关联的偶像。与报本堂和孔氏家庙相对照的是，孔庙是王朝对孔子、他的跟随者及其后代的崇祀之所。在对自然神、守护神和祖灵的三级王朝祭祀（如前面章节所述）中，这一崇祀处在中间一级。在18世纪，孔庙也被称为“文庙”，供奉着140位神灵，包括孔子的追随者和最受推崇的经典传统建立者，孔子作为圣人则处于中心地位。由于与曲阜孔家祭祖（就像由孔子第七十一代孙孔昭焕所主持的家庙祭祀）的复杂关系，孔子崇祀包括了王朝祭祀和祭祖的要素。然而，在家庙，孔子的神主被称为“始祖”，而在孔庙里的孔子神主则被称为“至圣先师”。“衍圣公”常常在曲阜的孔庙中担任主祭人，但是他的身份是作为该地区地位最高的官员，而不是作为孔子的直系后代。在曲阜和其他地方的孔庙圣地，作为王朝官员的献祭者，与作为孝子的献祭者主要的不同是，他并不把自己视为所敬奉的神灵的后代。把献祭者与神灵联系在一起的纽带，可能并不是实际上的血缘关系。尽管如此，关于王朝祭祀的礼仪文献常常把“孝”作为献祭者内心的理想状态，通常用“敬”来描述其特征。①

① 见《明史》所举例子：“其祭日，遣官监祭，不敬失仪者罪之。”又“〔太祖〕又曰：‘……止临祭，斋戒三日，务致精专，庶可格神明。’”《明史》，《二十四史本》，北京：中华书局，1975年版，卷四十七，第1239—1240页。

在家庙中参与祭祖者是孔氏后人，因而他们生而为祭礼的一员。而那些聚集在曲阜和京城孔庙中的人，聚集在中华帝国晚期其他地方管理机构的人，以及在韩国、日本和越南的类似祭礼参与者，则是因为他们倾其一生致力于掌握儒学，并且已经在科举考试中取得了一定程度的功名。孔氏家族的成员也许曾经占有优势，但是参祭者中也包括了入当地府（县）学和书院的年轻学子、教员以及所有其他有科举功名的人。参祭者根据他们在文官体系中的地位排序，大致与神灵在庙中的顺序相似。受到儒家经典教育的成年男子与男童，也标明他们与其他社会成员的区别。王朝禁止没有入学校受教育的平民参加这样的仪式。

孔子今天的塑像端坐于孔庙大成殿祭坛的中央，塑像前的神主上刻着他的头衔“至圣先师孔夫子”，因为孔庙敬奉儒教。像其他供奉的偶像一样，孔子独自端坐在他的壁龛中，身边没有他的夫人相伴。四位从祀的人物按照时间顺序，并依据家庙的昭穆制，分列于这位至圣的左右两边。其中的三人是孔子最著名的门人：颜回（据说最能体现“仁”），在孔子左边第一个位置；曾子（据称是《大学》的编纂者），坐在孔子的右侧；孔子的孙子孔伋（据称是《中庸》的编纂者），坐在孔子左边第二个位置，紧邻颜回。孟子，他在以自己名字命名的著述中为孔子的学说做了辩解和弘扬，他坐在四个从祀者的最末一个位置。这样，处于孔庙奉祀对象顶层的五位大师中，有四位与四本著作相关联，明清两朝把这四本书定为经典，作为正统信仰和科举考试的基础。

“衍圣公”向五位大师献祭，孔庙中的其他神主则由分官献祭。十二“哲”也供奉在大成殿中。他们中的十一人是孔子最杰出的门人，因为他们擅长“四科”：德行、言语、政事、文学。康熙皇帝在 1712 年把朱熹从“先贤”擢升为“哲”，因为他认为朱熹“注释群经，阐发道理，凡所著作及编纂之书，皆明白精确，归于大中至正……孔孟之后，有裨斯文者，朱子之功，最为弘巨”①。其他的先贤、先儒排列在正殿两侧的长廊中，称为“东西庑”。这些人物包括孔圣人的门人，“五经”大师，还有在孟子去世千年之后重新恢复大道的先儒。

明朝关于孔家的始祖祭祀与王朝祭孔联系的争论，延续了一个多世纪之久。尽管这些争论试图辨明其中的关系，但是由此而导致的 1530 年仪式改革仍然只留下了一个模棱两可的传统。供奉在王朝宗庙中的神灵与那些供奉在宗祠（或家庙）中的神灵一样，由各种形象所代表。王朝宗庙多用塑像，宗祠中则多用绘像。在明代早期，王朝曾经要求把塑像从宗庙中移走，只有孔庙可以例外。与其他被供奉的神灵所经历的一样，1530

① 《清圣祖实录》，卷二百四十九。

年的孔庙改革废去了孔子的贵族封号。尽管如此，这些改革还是保留了与祖先虔信主义的联系。在1530年全国范围内通行的孔庙崇祀中献祭的顺序，显示了王朝祭祀中所反映的不可思议的虔敬祖先和孝的印记。孔子的父亲——叔梁纥，自从14世纪以来在曲阜他自己的神龛中受到供奉。早在15世纪中叶，上奏的朝臣们提倡在全国各地府、县学中推行与庙祭相似的礼仪。三位从祀孔庙的圣人之父，由于他们的地位被供奉在两庑，根据那些上奏者，作为儿子的孔庙从祀者，违背了古代孝道原则，所以要供奉他们的父亲来更正错误。他们提醒朝廷说，“子虽齐圣，不先父食久矣”（《左传·文公二年》）。作为包罗一切的1530年改革的一部分，王朝在所有孔庙正殿背后建起了这些新的神龛，来供奉这些父亲们，称为“启圣祠”，它坐落在孔庙建筑群的北端，一个最主要的位置。这意味着自1530年起，在启圣祠中受供奉者在顺序上比他们的儿子先得到祭祀。①

王朝祭祀与祭祖仪式依照同样的祭祀基本原则。神灵们进入庙中，附于写着他们名字和称号的神主之上。他们享用由斋净过的献祭者所敬奉之酒、肉和谷物。作为缥缈的存在，神灵们通过祭品的香气享用这些美食佳酿，因而并没有留下可见的吃喝过的痕迹。经典文献告诫人们，祭祀不可以铺张、复杂，

---

① 《明史》，卷五十，第1298页。

因为神灵更喜欢简单、没有调味的肉汤、谷类、菜蔬和肉品，典型的祭祀都是摆设没有烹调过的食物。当神灵的嗅觉和味觉被庙门之外掩埋的祭牲的皮毛和血、在供桌上的焚香和酒在祭坛前地上的奠酒所刺激的时候，他们会被这些献飨所吸引。既非抽象的符号，又非空洞的手势，而是实实在在的食物的气味，使神灵们能够安享祭品。

祭礼的成功也取决于恰当地运用阴阳五行的力量。献祭者把神灵的画像所穿的五色袍、食物、祭祀乐器的材料以及这些乐器所发出的音调，按照阳升、阴降的规则调和在一起，并与五行相对应。比如，音乐演奏中所用的铜钟与玉磬。铜与玉的组合激起阳与阴的力量。金属属阳，因此铜钟作为阳性的乐器先开始演奏祭歌或者乐章，这与宇宙中万物由雄性阳的力量所发动是相呼应的。石属阴，因而玉磬作为阴性的乐器，汇集并结束祭歌的复调音乐，好比是雌性的阴容纳并长成万物。每首乐章都是完美的对称：先是木之音，然后由金属之音开始乐章，玉之音继续，最后，由木之音来结束。铜钟开始乐章的每一节，玉磬则终了乐曲。鼓，革之音，击中每个音节。每个音符由琴瑟和三种分别由土、竹、匏制成的吹奏乐器演奏。

王朝祭祀与祭祖是各自不同然而又有重叠的。在第五章我们已经讨论过，王朝祭祀把孔子作为在众神祠中代表了广泛文化传统的圣人，这些众神掌握自然元素和人类文明，得到王朝、官僚还有万民的支持。祭祖中的孔子则是作为孔氏后代的祖先列于家谱之中，受到其后代的守护。在王朝祭祀和祭祖仪式中的神灵，按照血缘亲疏的原则依序排列。虽然他们各自资历不同，这两种仪式中的献祭者扮演了相似的角色，即在被祭祀的神灵和陪祭的众人之间保持相似的联系。两种祭礼都是依照同样的基本原则进行的，虽然王朝的祭礼中增加了新的元素。王朝祭祀中的乐舞显示了仪式的物质成分与声音元素如何被有意识地设计，与宇宙的阴阳元素相共鸣。此外，祭祀仪式使献祭者与其他参祭者得到改变或者受到约束，让他们心存虔敬，这是仪式成功的必要条件。献礼与舞蹈的位置只是代表了虔敬之意，这样神灵将会回报以福佑。重复地净手和涤荡祭器，也令人确信祭祀者的真心诚意。

如果在京城的孔子崇祀与其他由皇帝支持的邻近庙宇和祭坛中的祭祀相呼应的话，那么在孔子的家乡曲阜所举行的王朝祭孔仪式也与本地神灵的奉祀产生共鸣。在曲阜的王朝祭祀仪式穿透了孔庙的大门，越过了邻近祠堂的门槛，这些祠堂供奉着与孔圣人有血缘或姻亲联系的神灵（甚至包括当地守护神）。在曲阜的许多祭坛上举行的神灵祭祀仪式，它们最具震撼力的时刻也许集中体现在每个季节仲月第七日的寅时，就在此刻，“衍圣公”在孔庙的大成殿里领祭。

乾隆十二年阴历二月七日寅时（1749 年 3 月 17 日，下午 5 时）

山东曲阜，大成殿

当昭焕通过钟磬门走进孔庙的大院时，火把在大成殿的彩绘墙壁上投射出明亮的红黄色彩。一位祭祀引导者（引赞）带着他经过了一个走廊，那里聚集了参加祭祀的嘉宾（包括“衍圣公”亲属和其他四位从祀圣人的后代，一位皇帝的信使，地方官员和生员），一直到杏坛的前面。据说，“至圣”孔子曾经就在这个地方教导过门人。舞者们在大成殿前突出的丹墀（有 20 米高，50 米宽）上站成六纵六横的方阵。正黄色的屋瓦被早晨灰暗的天空遮蔽了。

孔昭焕穿了一件深蓝色的长丝袍，胸前是用金线绣的一条巨大的四爪蟒，两眼直视着前方。在它的下方，两条蟒飘浮在空中。另外一对蟒装饰在蓝色袖肩顶部，每条蟒的下面各有一条小蟒，在接近窄袖口的地方和手腕处盘旋伸展。淡蓝色彩和白云点缀了长袍上翻滚的海涛背景。四座镀金的山在四方浮出海面，海草沿着长袍的褶边在海底旋绕着。昭焕的黑丝绵帽上有一个两层的金顶，装饰着东方的珍珠，并在金冠上镶着一颗红宝石。在他的腰带上，由四块方形的饰片点缀着，每块饰片的角上缀着玉，中间镶着一块小的红宝石。

当太祝生（宣读祝文者）离开前庭通过正门的时候，音乐开始演奏。紧接着，拊搏敲击了柷三次，然后一只大钟被敲响了，随之，悬挂在一个架子上的16口大大小小的编钟也被敲响。紧接着，由10张琴瑟、16支箫笛、6支篪管和2个埙组成的乐队演奏祭乐。乐师们完整演奏每个乐章，乃至宫调；每个音节有四个音符，每两个音符之间由小鼓的鼓点来衬托节奏。悬挂在一个架子上的16个玉磬（与16个编钟相对应）所发出的声音敲响在每个音节的结尾。一段祭乐由八个小节组成，在此之后，与开始时的悬钟相呼应，一只悬挂的大玉磬会被敲响，接着一段细细的竹节在敔（形如伏虎的打击乐器）上刮奏，发出沙沙的声音。当参加祭礼的众人从两庑后退数步，来为神灵让道的时候，在杏坛里的一面鼓被击响了。

通赞（祭礼的大师）站在丹墀的前面宣告仪式的每个阶段。现在他用平缓的声音宣布："奠帛，行初献礼。"站在"衍圣公"旁边为他指导整个祭礼的引赞接着指示说："诣盥洗所。"正当"衍圣公"走向盥洗所时，院子里器乐、声乐与舞蹈表演同时开始。在乐师们的伴奏下，合唱者齐唱《宣平之章》首句："予怀明德……"

在乐章演唱之前，每位穿红袍的舞者面朝祭坛，以水平方向持笛子，并与他紧握在胸前的野雉毛呈十字交叉。当乐章的第一个字"予"被吟唱的时候，他们把笛子与野雉毛分开，保持直立。听到第二个字"怀"被吟唱的时候，舞者身体转向丹墀中心方向，两腿交叉，右足向内，左足向外，并把头转向与丹墀相反的方向，同时，左手横持笛，与右手握着的野雉毛相交。至第三个字“明”的时候，他们转向祭坛立正，保持笛子与野雉毛的垂直相交。当听到第四个字“德”的时候，他们把笛子竖直与肩齐，把野雉毛呈水平放低腹前，与笛子底端保持相交。这些起始的动作变化是细微的，需要专心致志和反复的训练。对于那些第一次参加这样的仪式的男童，这是熟悉礼仪生活的开始。接下去，在三次献祭之间有三次舞蹈表演（或者操练），一共有96种姿势的变化。随着变化的增加，动作的转换将会变得越来越繁复费力，几乎总有一个男孩会晕倒。但是承受表演仪式所带来的压力，既不是目标，也不是美德的标志，而是要求参与者必须掌握这些烦琐的舞蹈。

当舞者表演这些有序的舞步时，司洗者在衍圣公的手上倒了一些水，然后另一位进巾者递给他一条毛巾把手擦干。“衍圣公”然后涤荡并擦干由三位司爵者传递的酒樽。他用长柄勺从奠酒缸里舀酒，分别盛在三只奠酒仪式用的酒樽里，一樽是用来奠祭至圣孔子，另两樽是奠祭从祀者——颜回和孔伋，他们坐在孔子左侧的“昭”位。合唱者继续演唱乐章：

玉振金声，生民未有……

随着歌声，通赞宣布："诣始祖至圣先师神位前!"司帛者、司樽者举帛和酒樽升阶，由中门进入大成殿。司帛者站在左边的祭坛前，司樽者站在离左侧较远的地方。当"衍圣公"从右侧登上石阶，他看到了被火把照亮的丹墀。舞者在丹墀前站成数排，乐师们站在离敞开的高大殿门很近的地方。"衍圣公"跨门槛进入大殿，经过"四配"与"十二哲"的神龛，走过在数个时辰前由厨房准备的挂着牛、羊、猪的架子，最后停留在祭孔子的祭坛前，祭坛上陈列着三锅没有加盐的肉羹与菜汤、十筐谷物、鱼干和鹿肉干、枣子，核桃、蜜糕、十碗酱汁、大葱、芹菜、食用草和竹笋。这是一桌简餐，没有任何浓重的味道，这正是表示对神灵的敬重，因为神灵是不注重丰厚的食物和醇香的美酒的。

现在孔昭焕的眼光越过了祭膳，仰望着如帝王一般庄严的始祖，心中默想着"至圣"。这位留着胡须的男子，坐在祭坛上的神龛里，穿着古代帝王之袍。十二串绿玉缀成的旒从他高高的冕板前方垂挂下来，他的深色长袍上装饰着十二黼黻：太阳、月亮和星宿绣在袍子两肩之上；山、五爪龙与飞禽类动物装饰在下垂的长袖上；瑚琏、水藻、火、米、斧子和章黼则绣在袍摆的下方。他光润的绿玉镇圭上刻着星辰与撑起天空的神山，象征着王者君临天下。一块镀金的红牌匾宣布了这位有胡须的人就是"至先孔夫子"。

合唱队继续演唱乐章道：

展也大成，俎豆千古……

司香者跪下，举起一个圆形的红漆香盒呈递给“衍圣公”，他从盒中取出一根香，在一个小火盆里点燃，转向祭坛再跪拜，然后起立把焚香插进祭坛上的香炉里。司帛者跪拜，托着一个四方形的盒子，里面放着细心折叠的帛。在币制出现以前，帛曾经是活人与神灵之间标准的交换物。现在它被呈现给神灵，作为贵重的通货让他们在阴间使用。“衍圣公”拿出帛，恭敬地向神灵敬献，把它放在圣坛的中央。一位司樽者跪下，举起酒樽，“衍圣公”接过来，向神灵奠酒，然后把它放在祭坛上。他跪下来一叩头，再起立。

春秋上丁，清酒既载……

当乐章继续的时候，舞者们结束了最后一个章节，两足分开，面朝下蹲俯，举野雉毛在额前，与横着的笛子相交。“衍圣公”走到祝位，听到通赞高诵“众官皆跪”后，跪下，正好听到合唱队演唱乐章的最后一节：“其香始升。”

音乐停止，舞者们结束了他们的动作，笛子被横持在高过头顶的地方，与竖立的野雉毛相交。所有的参加者，包括乐师和舞者，都跪下一拜。在引赞用特别的嗓音宣布“读祝！”时，院子里一片寂静。太祝生走到祝位，跪下三拜，举起祝文，宣读道：

维乾隆十二年二月七日，七十一世孙袭衍圣公昭焕敢昭告于至圣先师孔子……

太祝生的声音从平稳拘谨变为流畅吟诵：

惟先师德配天地，道贯古今，删述六经，垂宪万世，兹惟仲春（秋），谨以牲帛醴齐，粢盛庶品，式陈明荐，以复圣颜子、宗圣曾子、述圣子思子、亚圣孟子配尚。

读完祝文后，太祝生又举起祝文，站起来，把它放在祭坛上的一个盒子里。站在祭坛的右边，他再次跪下，三拜，然后在所有参祭者起身的时候，退立到丹墀的前面。

“衍圣公”带领所有参祭者行三跪九叩之礼，然后走到“四配”的祭坛前。他们的塑像手持爵笏，头戴九旒冠，身穿九章服（日、月、星辰等）。“衍圣公”根据在祭孔仪式中遵循的同样程序分别向“四配”上香、献帛和奠酒。当他在进行这样的仪式时，两位分献官在正殿中向“十二哲”献祭，还有六位分献官向在两庑中供奉的“七十二先贤”和“四十六先儒”献祭。

在孔庙里供奉的140位人物，对宣传处于王朝祭孔仪式核心的儒道发挥了重要作用。“至圣”是“万世师表”，他的门人们弘扬了他的说教，按照古代圣人的智慧对早期“五经”进行注译阐述，使后来的学者接受了这一失传千年之道，并让它在人间再现辉煌。如果在曲阜大成殿举行的仪式只是敬奉这些人，那么它将会被认为仅仅是崇拜提出了王朝正统观念的哲学家。虽然它的确包含如此内容，但是它所成就的绝不仅止于此。就在“衍圣公”祭拜“四配”“十二哲”和其他先贤先儒时，五位分献官离开孔庙庭院，到与大成殿相邻的神祠。十位助祭者陪着分献官，到大成殿后的寝殿向孔子夫人亓官氏献祭。由五十一名助祭者组成的随从队，伴随着三名分献官走到大成殿东侧相邻的建筑群——崇圣祠，向孔子的五代祖献祭。另有两位分献官到大成殿西边的启圣祠，向在明伦堂中的孔子父亲叔梁纥、母亲颜征在献祭。有一位分献官在孔氏祖庙中献祭。最后，还有一位分献官走到有围墙的建筑群后面的小祠堂，在那里，“后土”——土地守护神受到奉祀。在这些不同的祭祀地点，献祭者各自准备奠酒的飨牢，一只羊、一头猪、汤、八篮谷物、枣、蛋糕、八碗调味汁和芹菜。

结 论

在农历二月七日这一天举行的祭祀仪式，把祭孔子与王朝、祖先和本土信仰联系起来。被供奉在孔庙中最高等级的神龛中的人，创立了成为王朝正统信仰的基本学说，它们也成为参加科举考试的士人所必须精通的科目。作为第二层次的王朝信仰对象，孔庙中的孔子在众神祠中占据了重要位置，同时也被中国其他地方的王朝官僚和东亚的其他皇室所认同。在一个实际上被宗祠所围绕的庙中，朝廷官员也参加了那里的献祭，被奉祀的孔子依然是作为一个儿子、丈夫和祖先。对守护神后土的祭礼，也被放置在这个特别的地方。王朝祭孔仪式中的“引赞”，使清楚划定的公共与私人，或者王朝祭祀与祭祖的界限变得混乱模糊。

我们能从祭孔仪式中了解到什么呢？首先，它使人们逐渐加深了对祖先的虔敬之心。通过对先祖虔诚的献祭，一个人获得了对先祖不变的忠诚，这成为其生活的源泉，与把上天作为世上万物的源泉相对应。同样的虔敬延伸到了父母的身上。有人说，对父母固有的爱为一个人敬奉先祖提供了基础。这样的礼仪也极力灌输，自我是先祖血统延续的一部分，通过恰当的祭祀仪式，一个由别的神灵和力量（如阴和阳）控制的宇宙一小部分就会受到影响。基于血统的自我概念，讲授了一个具有深刻个人意味的历史，因为一个人的先祖曾经生活的过去，影响了一个人的现世今生。虔敬的参祭者通过回忆祖先曾经做过的事（包括他们的成就和遇到的困难）而进入历史。这种扎根于历史中的自我意识，亦将一个人在地理意义上与一个特定的地方联系起来，即一个人的先祖曾经居住的土地。先祖祭祀是不可以移动的，部分因为先祖的神主最好安置在他们原来生活的地方。甚至对那些在数代以前就背井离乡的商人和流动手工业者来说，他们仍然认为自己的家乡应该是他们先祖居住过的某一乡镇。

参与这些仪式，可以训练一个人把神灵的存在与身体的知觉融合起来，比如，祭祀专用的旧酒樽上雕刻的花纹，神灵所飨奠酒的滋味，特别是弥漫在大成殿的、把神灵吸引到祭坛上的焚香气味。管弦乐的宫调与调和的阴阳，使仪式参加者的耳朵里充满了和谐动听的声音，它促进了人与神灵的沟通。作为缥缈的存在，神灵不为人所见，只有斋净后的孝子能够“入室，僾然必有见乎其位；周还出，肃然必有闻乎其容声”（《礼记·祭义》）。由于献祭者的纯孝，神灵通过香气接受飨宴，并与他们活着的子孙融为一体。即使是在哲学上最不愿意接受唯心主义的人，也会不由自主地体会到包含在如此丰富可感的仪式经验中的神秘原则和活动方式。

在另一个层面上，我们看到信仰的渗透性使公共仪式与私人、家族的宗教生活之间的界限不再明显。如第五章中所展示的，朝廷和官僚对宗教活动（如对民间神的信仰）的参与，清楚地显示了中华帝国晚期统治的真正本质。王朝与先祖信仰在祭礼的关键时刻相交，这应该警示我们：把公共与私人、国家与宗教区别开来是不恰当的，而这些正好是当代人所习惯的。

推荐阅读书目

1. 关于庙祀礼仪的描述参考了以下资料：孔继汾：《阙里文献考》（1762）和《孔氏家仪》（1765）；潘相：《曲阜县志》（1774）。关于曲阜孔家的社会史，请参见 Christopher Agnew, "Culture and Power in the Making of the Descendants of Confucius, 1300 – 1800," Ph. D. dissertation, University of Washington, 2006；要查看官方祭祀的图片，可以参见 Deborah Sommer, "Images into Words: Ming Confucian Iconoclasm," *National Palace Museum Bulletin* 14（1994）：1—24；关于仪式音乐，请参见 Joseph S. C. Lam, *State Sacrifices and in Ming China: Orthodoxy, Creativity, and Expressiveness* (Albany, NY: SUNY Press, 1998).

2. 对清代礼袍有详细描述的著作有：Gary Dickinson and Linda Wrigglesworth, *Imperial Wardrobe* (Berkeley: Ten Speed Press, 2000); John E. Vollmer, *Ruling from the Dragon Throne: Costume of the Qing Dynasty* (1644—1911) (Berkeley: Ten Speek Press, 2002);《清会典图》，北京：中华书局，1991年版。

3. 关于中国宗教研究的书，还有以下参考资料：Emily M. Ahern, *The Cult of the Dead in a Chinese Village* (Palo Alto, CA: Stanford University Press, 1973); Kenneth Brashier, "Han Thanatology and the Division of Souls," *Early China* 21 (1996): 125—158; Michael Lowe, *Ways to Paradise: The Chinese Quest for Immortality* (London: Allen Unwin, 1979); Mu-chou Poo, *In Search of Personal Welfare: A View of Ancient Chinese Religion* (Albany, NY: SUNY Press, 1998); Stephen Teiser, *The Scripture of the Ten Kings and the Making of Purgatory in Medieval Chinese Buddhism* (Honolulu: University of Hawaii Press, 1994); Yu Ying-shih, "'O Soul, Come Back!' A Study of the Changing Conceptions of the Soul and Interlife in Pre-Buddhist China," *Harvard Journal of Asiatic Studies* 47, No. 2 (December 1987): 363—395.

后　记

戴梅可

羲农去我久，
举世少复真。
汲汲鲁中叟，
弥缝使其淳。

——陶渊明《饮酒》二十首之一

诗人陶渊明（365—427 年）憧憬着孔子这位“鲁中叟”能在一个混乱的时代为人们指明人生的意义。正如前面章节所展示的，有许多人曾经试图想象孔子在其所处的时代会如何作为，陶渊明只是其中的雄辩者之一。对这个问题的答案的想象，似乎不仅能有效地修正他们对世界的认识，而且能够慰藉其失意人生。加在“历史的”“客观的”人物孔子身上的完全主观性，也同样明显地表现在陆九渊（1139—1193 年）的论述中。他曾说过“六经注我，我注六经”。本书旨在向读者介绍过去数世纪中孔子的追随者与批评者关于孔子的诸多见解与实践。在撰写方法上，本书依据历史学家顾颉刚先生（1893—1980年）所说“各时代有各时代的孔子”的观点。我们的思考和谈话方式不可避免地充斥了过时的比喻、陈腐的修辞，还有那些在我们意念中的幽灵，而没有什么幽灵可以像孔子那样栩栩如生。

第一章始于对两篇最早、最权威的孔子传记的比较，这两篇传记分别是：中国正史的鼻祖——司马迁《史记》中的孔子长篇正传，另一个是可能编写于大约公元前100年左右的《论语》中关于孔子的简洁描写（虽然《论语》的一些段落，特别是关于孔子与弟子的对话，也许反映了更久远的传统）。司马迁的孔子传出现在《史记·孔子世家》，“世家”部是专门记叙从周朝建立（公元前1046年）到秦帝国统一天下（公元前221年）之间曾经统治过中原的显要家族的历史传记。

孔子是仅有的两个在“世家”中被单独立传的人物之一。另一个人物是陈涉，这位农民起义的领袖点燃了一系列推翻秦王朝事件的导火线，使这个曾经统一六国并在中国建立第一个帝国的王朝走向了灭亡。关于孔子被收录在“世家”的原因，《史记》的读者总是假设汉代的思想者与统治者把他视为“素王”——一个具有巨大影响力的人，从某种意义上说，即统治所有人心灵的人，尽管他没有自己的王国。通过这样含蓄地把孔子与起义者陈涉连在一起，也许司马迁意在突出孔子具有的叛逆性格。毕竟，所有读者都会在第三章发现，孔子编《春秋》是为了“贬天子，退诸侯，讨大夫，以达王事而已矣”，而惩戒权贵曾经一直是统治者的特权。虽然孔子从来没有达到这样的地位，当他针砭时弊或批评那些过去和现在的权高位重者时，他以得到上天厚爱来为自己壮胆。而另外一个介于陈涉与孔子之间令人好奇的联系是孔子的后人孔子鱼，他是首批背弃秦朝加入陈涉起义大军的投诚者之一。

《论语》里的孔子是一个圣人形象，他乐天知命，哪怕遭遇失败。《史记·孔子世家》则提到青年到中年时期的孔子，原是一个雄心勃勃的谏臣，却不愿意或者不会花费时间来理解当时政治的复杂性，更不用说保持沉默了。换句话说，司马迁笔下的孔子最初是一位没有耐心、刚愎自用、直言无忌的人。根据《史记·孔子世家》的描述，直到孔子放弃了对名位徒劳的追求后，他才开始理解和接受命中注定的大任：恢复旧时代的强大礼乐传统，教导人们远离蒙昧年代。在《史记·孔子世家》中，孔子从一个傲慢自负的人变为深思熟虑、不耻下问者，其关键场景是孔子发愤学习演奏音乐。最终，在苦练了五十个日日夜夜后，孔子完全掌握了这首由德圣周文王所作乐曲的韵律、歌词和大旨。通过与文王的“以乐相通”，孔子成为这位德行泽被天下的圣人的影子。在这样戏剧性的转变之后，孔子开始编定《诗经》《尚书》，参考《易经》，并在他辞世前的最后一段时间编撰了著名的《春秋》。在《史记·孔子世家》的结尾，司马迁笔下的孔子已经成为鲁国都邑阙里周围的“本土英雄”。他的声名也开始在鲁国的盟国，特别是南方的楚国中得到传扬。始料未及的是，有一天他会被奉为中国历史上的“至圣”广受崇敬。孔子如何在身后成为那样一位独一无二的人物，正是本书第二章和第三章所要讲的故事。

第二章描述孔子声誉在他死后的两个半世纪中得到了缓慢而不断的增长。最初，孔子名声日隆，部分由于几位受教于他的弟子在当时位居要职。但是还有其他原因，那就是两位孔子最著名的追随者、思想家——孟子和荀子对他伦理之道的有力捍卫，虽然这两位都不是他的直传弟子，但是他们都来自鲁国邻近的地方。如果孟子（生活在孔子之后一个世纪）和荀子（生活在孟子之后一个世纪）没有优雅地为这位本土英雄辩护，孔子的名字可能会从人们的视线中悄然消失。一个汉代流传的说法认为，孟子和荀子一起弘扬了孔子学说，通过融入自己的观点对当时权贵投其所好，使孔子的学说更加丰富并具有吸引力。孟子的成就在于他把贵族的艰苦备战训练与君子在精神上对中庸之道的自律修养等同之。在捍卫孔子的时候，孟子也花费大量心力来驳斥以下这些对孔子的指责：首先，有人认为孔子对繁琐礼仪的热衷明显与所声称的他对平民的关心是不一致的，因为奢华耗时的礼乐表演不可避免地意味着更为沉重的税收负担，而当时的百姓早已因统治者多年的穷兵黩武而困苦不堪。其次，有人指责孔子所谈论的“差等的爱”，意味着家族亲属关系比非家族的关系更受到偏爱，这对人类的情感设置了太多非自然的限制，并且威胁到国家的最高权威。再次，也有人批评，孔子的汲汲于致仕妨碍了更基本的“全身避害”的本分，因为人的身体受之父母，托于家人。孟子对圣人的有力辩护在当时的确是当务之急，因为孔子学说在孟子的时代不如他的对手墨子与杨朱那样流行，后者的合理论述让孔子更易受到非难。

荀子在公元前221年秦统一六国前夕，也不得不应付针对孔子的更为微妙的发难——如果那些刁难的问题不能得到回答的话，就会有损孔子长期以来的名声。比如，荀子倾其时间与精力来反驳对手庄子对孔子最为严厉的指责，即：孔子所津津乐道的“礼”是“相伪也”，因为礼仪所需具备的言语姿态并非人类与生俱来，必须靠后天学习。荀子回答说，人类几乎无法舍弃他们生活中所有人为的东西，因为：（1）根据庄子的观点，所有生物皆为人造；（2）如果要运行完好，社会与政治都需要某种形式的润滑剂。因而，孔子、荀子辩论说，让人类仔细想一想，什么样的改良最有利于产生让全人类都“各得其所”的社会秩序，并因而享受尊严感和自我价值。

在第二章中最后一位批评孔子的是王充（27—约97年），

他是生活在孔子之后六个世纪的东汉的一位古代经典学者。本章以对王充观点的概括而终篇，因为它们显示了即使在汉武帝时代（公元前141—前87年在位）已结束很久之后，孔子的声望在经典学者中也还没有完全确立。王充对孔子的批评集中于五点：（1）相传由孔子所作或者编撰的经典像其他古代著作一样错误百出，因而不能认为是确实可靠的；（2）孔子在与学生交谈的时候，无法阐明很多他的观点；（3）孔子常常自相矛盾，而好的导师总是传达一以贯之的要旨；（4）孔子是一位名不副实的教育模范，因为他不能激发学生阐明他们自己关于伦理或者实践困境的想法。讽刺的是，教学——孔子最负盛名也最少受到贬低的成就——在王充看来，却是不可凭信和反复无常的。

第三章我们会看到令汉帝国时代诸多思想家与政治家最为困扰的一个问题：如果孔子确实是这样一个美德与仁爱的楷模，为什么他在有生之年从来没有身居高位？毕竟传说中的圣人舜和禹都是由平民阶层而登上天子之位，而且每过五百年左右就会有一位圣王降临中原。那么，到底是哪儿出了问题呢？汉代的理论家们都被这一问题所纠缠，他们在解释这样反常的历史现象上承受了很大压力，尤其鉴于出身平民的刘邦登上王朝开创者高位这样的事实——刘邦是一介草莽之徒和懦夫，毫无圣人之像。因此，这些效力于汉王室的人对那些认为孔子缺乏世俗成就的疑虑设计了最有力的回应。他们坚持认为，这位毫无领地的圣人看似处于绝望的境地，但他在自己的著作中建构了名副其实的想象国度，在那里他是至高无上的。不仅如此，在那样崇高的、尽管也是想象中的地位上，孔子以他全力的支持和神性的力量支撑着汉王朝。他不仅预言了汉王朝的崛起，而且还设计了它的蓝图。循着这样的想法，他们认为孔子的《春秋》（它是在汉代最能令人联想到孔子的一部书），为汉代的统治精英如何巩固中央集权提供了蓝图。通过《春秋》“微言”和古为今用的实践，汉代实际上是在以孔子名义治理天下。这位半神化的“素王”可以未卜先知，死后坐在昊天上帝的右手边。因而在汉代，孔子的《春秋》被认为包含了这位圣人最重要的声明，因而成为皇帝与大臣诠释法律、通过行政改革建立更为统一的世界，或者思考小宇宙与大宇宙之间交互关系的最主要经典。因此，到汉代末年，孔子缺乏显赫祖先与杰出后代的不足之处在他死后得到了弥补：孔子得以与星神同列，他也被追认为孔氏家族的始祖，他的后代子孙得到世袭封爵的荣宠。

孔子编《春秋》的故事明显地推动了其他孔子故事在汉代四个世纪的流传，激发了人们了解不太为人所知但仍然令人肃然起敬的孔子作为先知、语源学家甚至黑帝之子的一面，也使人们了解孔子作为导师和经典编纂者的伟大形象。根据汉代的解释，圣人就是一位能轻易转祸为福的人，因而他赢得了后代的崇敬。孔子的政治才干被许多同时代人嘲笑，这却在某种程度上为他赢得了比王与诸侯更大的名声，这充分证明孔子的"道"经得起检验，是当之无愧的——很多汉代的思想家这样断言。

第四章描述了孔子在公元200年左右汉政权崩溃后八个世纪的命运。该章把叙述的重点从汉代及其以前介绍孔子正统形象的文献，转向另外一个托为孔子之孙所作的叫作《中庸》的早期文本（随着世袭特权与孔氏家族权力在汉以后的不断扩展，孔子与其孙子的纽带在思想家眼里变得更加重要。而且，在汉代以后，当曾经作为汉王室守护神的孔子被视为累赘，而不再是圣明的预言化身的时候，像《中庸》这样的文本对挽救孔子的声望发挥了作用)。《中庸》的两种注本构成了第四章的主体，一是由郑玄（127—200年)，这位生活在东汉末年的注释者所作；另一版本是由南宋的朱熹（1130—1200年）所作。这首先是因为这两种注本对早、中期中国关于孔子说教的几乎全部思想范畴做了巧妙的包装。其次，因为它们揭示了汉代晚期与宋代关于"大道"思想的巨大分歧，这样的分歧甚至存在于孔子的拥护者和追随者中。由于朱熹的《四书章句集注》在1313年至1905年这六个世纪中是科举考试的必备科目，因而了解朱熹的注疏大意反过来也是追溯明清时代儒家传统演变轨迹的第一步。

根据传说，孔子可能是在死前不久把他最为成熟的学说传授给他的孙子。解经家郑玄相信这个传说是真实的，把《中庸》置于他系统有序的整个“儒家”经典汇编的中心地位，意欲取代其他更早的注本——每种注是对一种经典的零碎的、章句式注解。郑玄把所有经典及注编纂成为一个专一的、强大的文献整体，是名副其实的传世之作。和几乎所有东汉晚期的同时代人一样，郑玄显示了一种历史化的倾向。他孜孜不倦地寻求那些据称早于孔子数百年前的经典中的“微言”，也从那些曾经激发了孔子的古代人物身上寻求最大灵感：周公，这位传奇式的政治家，不仅在公元前1050年巩固了周王朝的统治，而且制定了礼乐制度。与他的同时代人一起，郑玄还在《中庸》的阅读中加入了完全不见于原文的特征：一种介于“性”（人生而具有的天性）与“德”（一种假想的、能使人达到“至诚”境界的能力）之间的特征。郑玄也把君主统治的各种方式与表达用“五行”来类推，引用了对他来说是当世通行的（因而也是时代误植的）术语来解读《中庸》，以此来为他所赞颂的理想君王形象提供一个安全的宇宙论基础。

不过，最重要的是，郑玄从三部系列著作中获得了对孔子作为思想家的感知，这三部著作和《论语》一样，到汉代中、晚期（公元前206—公元8年）被认为是孔子或者门人所作（在现代持怀疑论的学者看来，这样的附会很牵强）：（1）《春秋》记载了孔子家乡鲁国在公元前722至前479年内政与外交在道义上的日趋崩坏。(2)《孝经》赞扬忠诚与孝敬的美德，并将其视为国家与父系社会的两块基石。(3)《礼记》中的两篇《中庸》和《大学》，都简述了君子（常常指理想的君王，或者德行俱佳的人）身上所具有的潜能，它存在于确实的仁爱与慎重的行为中。

尽管绝大多数的西汉思想家强调《春秋》及其“三传”（《左传》《公羊传》《穀梁传》）对认识孔子的重要性，强调《春秋》政治蓝图代表了孔子对汉代正统统治者与诸侯们最重要的遗教，然而在东汉两个世纪的统治中，中央集权被削弱，由此国家主导的理念更加趋于推崇皇权至上，思想家们常常从《中庸》中寻求智慧。似乎作为弥补，他们赋予了皇帝等同于天地的半神的权力。到郑玄时代，《中庸》被认为是最适合当时宇宙和社会结构的文本之一，它指出了君王在公共及家庭生活的言行中，所蕴含的一种神秘而神圣的，且能引起共鸣并富有感召力的力量，这种力量也存在于代表他的臣子身上。郑玄坚持认为君子从来没有离开大道，不管有没有别人的监督——用《中庸》的话来说，就是“慎其独”。这明显地为当时政治注入了更高的道德标准，那时许多权贵以道德“灵活性”自矜，腐败的朝廷派系之间也为了争宠而相互斗争。郑玄进一步认为，古代君子对祖先的崇敬可以被世人用来振振有词地严厉指责那些当今的争权夺利者。通过把世俗与神圣按照符合孔子说教的方式混合起来，郑玄想让他的中庸注表达一个简单的训诫：令人敬畏的制礼作乐的特权，是专为在位的圣王而设。尽管如此，郑玄几乎没有反对为圣王的责任立下新的典范，无论是在世的，或者已作古的。他也因此为一个适合汉以后现实的、“新的”和修正过的孔子形象预备了条件。

在郑玄之后一千多年的朱熹轻率地认定，他的老师和他自己是孔子“微言”仅有的合格阐释者，宣称自己继承了孔子之孙孔伋（或称子思）以及孟子的衣钵。因而，朱熹自诩他对古代经典解读的正统性是毋庸置疑的，即使它们与早期权威传统的解读有着明显分歧。朱熹把他的注意力主要集中在《中庸》，认为它是孔子说教的最后定论和总结。对朱熹来说十分有利的是，面对精通玄学、佛学和佛教人性观的诋毁者，《中庸》为他自己设计的、用来捍卫儒家大道的宇宙与社会结构提供了最好的、权威的辩解理由。朱熹的同辈和追随者都对佛教中由一元化的“心”分化而成的“私欲”与“天理”的冲突很熟悉。相应地，朱熹的注疏同样设定，在每个人身上存在这两种意向，它们之间一直相互对话，只有那些圣人才能超越私情和外部的错觉，而与一以贯之的“大道”（人们也用其他同义词称呼它，如“中庸”“诚”“天理”等）交流相通。几乎毋庸置言，那个一直可以信赖的“大道”是所有它的寻求者孜孜以求的合适目标。不幸的是，这样可以信赖的“大道”几乎感知不到。对那些不如圣人的人来说，要识其堂奥，必须得从对社会与宇宙连续的研究中一点一滴地、不懈地积累。根据朱熹的理论，要想整理和联系这样积累的经验，学习书本知识与一般学问是唯一也是最好的途径。强调书本知识本身，反映了朱熹时代一种新的、普遍的典籍文化，而任人唯才的科举制度更加强化了这种文化。朱熹对《中庸》的解读因而与郑玄的形成了鲜明对照——郑玄是从别处寻找《中庸》的核心内容，即在人间与幽冥两界都无处不在的皇权至上观念。

在对《中庸》进行再诠释的时候，朱熹发现不遵循传统，把《中庸》部分章节托为孔子所作（因而使它们更具权威），其他部分托为孔伋所作，是行之有效的做法。当然，朱熹与他的读者认定，只有那些托为孔伋所作的部分可能会存在一些错误，虽然大体上这位孔子之孙被认为是其祖父深思熟虑学说的忠实传达者。一般来说，那些朱熹认为是孔子所作的部分趋于讨论“天理”，而认为是孔伋所作的部分主要关注“人道”。通过这样的方式，朱熹把文本的主要对象从圣君转向德学兼备的君子，和他本人一样的在野士人与老师。由此，朱熹还做了其他的改变。比如，朱熹试图粉饰《中庸》文本的某些部分，特别是在开头部分叙述喜、怒、哀、乐的情感在表现出来以前是“无所偏倚，故谓之中”。他还重新解释了文本中的关键词与短语。举例来说，“慎其独”，不再是郑玄注所指的统治者“慎其闲居之所为”，而是指君子对自己意念与内在质量不断地自省，即使在不履行社会与政治责任的时候。如果内在的自我修养渐渐达到“诚”，一种无瑕的内在质量与力量的完美结合——这是朱熹阐释《中庸》的着重点，取代了早期《中庸》注对统治者外在行为与公共权威的关注。朱熹所要传达的主要内容是，所有像他一样的人，要么利用天赋潜能，要么通过不断磨炼，皆可以达到圣人的境地，并因而通过内在努力获得可以控制天道的力量。

在第五章中出现了很多对孔子的不同称呼，这些都是可能的，因为这一章探讨了孔子如何从第一位老师（“先师”）和超级圣人（“至圣”）最终成为具有神性的人物，受到专门仪式的祭祀，特别是在中华帝国的三个最后朝代：元、明和清。从 18 世纪中叶到 1911 年清王朝崩溃，每年两次，分别在春季和秋季，京城和主要行政中心的官员都要举行孔子祭礼，把他视为一位在帝国神庙中地位崇高的神，仅在天帝以下，而在日、月与五星神之上。虽然这位受到祭祀的孔子在宇宙中有着崇高地位，显而易见地，他也是属于人间的，并受到凡世圣人的影响。在两年一次的孔子祭祀中，全国各地的孔庙都有各种各样的活动，孔子被视为科举考试的象征和最大灵感源泉，事实上的古典学问的“宗师”。

读者也许需要弄清第五章中几个值得注意的原则（它们常常被忽略），主要是在回顾孔子祭祀与先贤庙的历史与学说部分：

1. 神祇分为三个等级的谱系与早期中国三级行政管理体系相对应，在这个三级神系中，不同的神管辖不同的，尽管可能有点重复的范围。不同寻常的是，祖灵能够自由出入不同等级之间，这反映了孝道对皇朝祭祀有着十分重要的影响。

2. 与道教和佛教相对照的是，通常由王朝支持的孔子祭祀，并不对祀众的此生与来世解救做出任何承诺，而是把泽惠普及所有支持奉祀的大众及成员。

3. 这类祭祀的社会效能被认为更多取决于领祭者内在的纯净，而不是他在祭仪过程中的严谨和慎重。

4. 早期的王朝祭祀仪式在某种程度上是没有定规的，得到更多祭祀的有时候是周公，有时候则是孔子。直到公元739年，两种祭祀才有了明确分别，孔子自此成为精通经典学问的士人典范，周公则成为王朝忠实公仆的楷模。

5. 随着时间推移，王朝规定的考试科目中的教条性内容被精选出来，成为适应王朝官僚体系的一套核心学说。

6. 孔子祭祀以某种被曲解的形式流传下来，仍可见于今天东亚以及海外华人社会（如印尼）的祭祀中。

有意思的是，回顾祭孔的历史可以看出，在汉王朝灭亡的数十年后，具体地说是公元241年，恰好是正史断言孔子的影响逐渐变弱，道教和佛教势力渐强的时候，现存记载详细地叙述了要把孔子祭祀完全纳入王朝祭祀的第一次尝试。同样令人惊奇的是，后来的历史显示，直至11世纪还被尊为孔子中庸之道最佳拥护者“四哲”中的两位贤人——荀子与扬雄，被12世纪的理学家们毫不客气地从荣耀至尊的位置上拉下来。为了保持旧有“四哲”的对称性，号称为《大学》与《中庸》的作者曾子和孔伋被列入新的“四哲”，与颜回和孟子一起在孔庙中立于孔子之侧。“四哲”的重新排列是一个实质性标志，昭示了古典时代的孔子与中华帝国晚期的孔子之间的巨大分歧。

尽管如此，如第五章所述，即使在宋代，皇帝每次试图对儒教做出狭隘或者指定解释时，都会遭遇到来自有识之士（包括官吏与普通士人）的强烈抗拒。王安石领导的对宋朝文化和政治生活诸多方面进行中央集权化的努力显然失败了。首次明确的、强制推行的王朝正统出现在后来的元、明、清，在这样的正统下，参加科举考试的举子被要求在应试文中以朱熹《四书章句集注》为指归（不过，即使在明清时代，私立书院的讲习还是能自由地宣传鼓动不同的观点，只要它们不是公开地离经叛道——这比中世纪与近代欧洲的那些“持异端者”要更加自由。这解释了为什么在朱熹之后的数世纪，有很多兴盛、衍化的儒家传统（而不是只有唯一的“儒教”）把它们的来源追溯到两个主要传承脉络之一：一是遵从朱熹与程氏兄弟，另一个是跟从王阳明（1472—1529 年）。这也解释了为什么会有像袁枚（1716—1797 年）这样一些坚定的批评家不断地嘲笑孔子。

蒙古人严格限定可以参加科举考试的汉人数量，因此很难估量程朱理学对这个相对短命的元王朝及其社会的影响，但毫无疑问，朱熹的影响可以从明初至晚清孔子崇拜的各个方面真切地感受到。在明代，各地孔庙用木头牌位取代圣人及其弟子塑像或画像的决定，就是朱熹影响之明证。这一决定推翻了延续数世纪之久的先例，因而当朱熹在清朝被提升到与孔子的直接弟子相同的地位时，也就一点不令人奇怪了。正如我们所见，在王朝主张的“儒教”下常常发生学说与仪式的变化。同时，晚期理学家也在试图解决诸多延续数世纪之久的问题——作为“素王”“至圣”与“先师”的孔子分别有什么样的地位。

第六章探讨了孔子作为孔氏家族先祖的角色。孔氏家族是自东汉到 1911 年清朝灭亡期间，唯一历经改朝换代却绵绵不绝的家族。本章主要依据明清史料，通过重构有记载的孔子第七十一世孙孔昭焕（1735—1782 年）的三次祭祖仪式，勾勒出孔氏家庙祭祀与王朝孔子祭祀之间不同但又重合的部分。在朱熹之后，家礼具有更重要的意义，因为朱熹把各种恭敬的家礼演示，特别是那些与婚丧大事和祭祖相关的礼仪，作为那些宣称有着荣耀传统的家族重要地位的标记。因此，孔昭焕——孔氏家谱上的一位年轻子孙，在司察者、教习等帮助下参与了祭祀仪式的各个过程，这些精心设计的仪式意在通过他的至孝之心来打动天地之力量。祭祀的形式是向最近的五位世祖画像进献日常饮馔、对家庙中作为先祖供奉的孔子崇拜，还有在孔庙（也称为“文庙”）的春秋两季献祭。在最后一种祭祀中，孔昭焕遵照清朝皇帝之命，不仅向孔子致敬，也向所有在这位最终成就中庸之道的孔子之前和之后的杰出圣人们致敬。

无论是在家中对先祖的日常奉祀，还是带领远来曲阜的钦差大臣们在孔庙向开基祖的拜祭，孔昭焕都扮演了与王朝官员互补的角色、开基祖孔子面前恭敬的祈福者，以及仅在曲阜就有两万多人口的庞大孔子家族的正式代表。由于所有卓越孔氏家族子孙的共同影响，孔昭焕的献祭被期待着能给孔家、曲阜，乃至整个王朝带来福祉。孔昭焕承担的每一种角色都有它自己演示的地点，这让他在家庙和曲阜所有重要孔庙之间来回奔走，那些孔庙几乎遍布了该地区每个主要的行政单位，它们向所有渴望成为“士大夫”的男性敞开大门，而孔氏家庙仅仅允许孔家男性成员祭拜。

第六章提醒读者在中华帝国时代适用于所有祭祖仪式中的唯一经典原则：虔诚的子孙在必要的斋净仪式之后回想他们先祖日常生活的言行举止、音容笑貌，以及他们的成见喜好，由这些片段记忆而想象出来的完整的先祖形象将会有足够强大的力量让子孙为他们招魂。通过这样的仪式，先祖们得以再生，哪怕仅仅是在祭祀的过程中。要达到这样的效果十分不易，它不仅需要记忆、乞灵术、方法，也许还需要选择性失忆，这样的实践成为把对可敬死者的个人感知（直接感知或者通过文本），转化为令先祖福泽延及后世子孙的最主要途径。庄重的斋戒、献祭、进飨以及宣读祭文，强调了生者与死者的互相依赖，同时，在人间与灵界建立了安全的沟通路径。了解朱熹训诫的读者会想到，这些重复向死者祈福仪式的效能据称取决于祭祖的直系后代内在质量的纯净程度。献祭者内在越纯净，拘礼的先祖们越有可能会原谅他们的细小失误。

要了解孔家谱系史，不得不提到“邪恶的孔末”，否则就不完整。孔末是在公元 905 年唐朝灭亡后的动荡年代里的一位孔家家奴，他觊觎孔家的所有财产，妄称自己是孔圣人之后。孔末的背信弃义在孔氏家族历史上几乎是空前绝后的：虽然他仅仅是孔家家奴，可是他不但几乎成功地谋杀了自己的主人，而且还占据了主人的宗支。更糟糕的是，孔末据称试图废止以祭孔夫子为中心的所有礼仪结构。因为孔末清楚地知道，先祖们只接受血亲后代的献祭，没有什么特别的仪式能让他们接纳毫无血缘关系的人进入孔氏谱系。对孔家和阙里来说幸运的是，一位正宗孔氏传人孔仁玉逃过了劫难，并最终在 10 世纪初继承了孔家世袭的“衍圣公”封号。

第六章向读者介绍了明清礼学家们所关注的神学方面的问题，比如，向可敬的死者虔诚崇拜，对祈福者来说，是站在统一规格和质地的木头牌位面前，还是站在死者的挂像和塑像前更好呢？公元1530年礼制改革结果是，所有挂像和塑像从全国范围内的庙中被移出。值得注意的是，唯一的例外是孔庙，在孔庙里仍然保留了真人大小塑像成为祭祀中心，至少在曲阜，从公元前221年起就一直延续了这样的传统。根据“五经”规定，儿子之位不能越过父亲，但是在14世纪有一个延迟的决定，即在曲阜开始祭祀孔子的父亲叔梁纥。最后，第六章让我们好奇地瞥见中华帝国晚期被奉祀的死者之间复杂的性别关系：孔昭焕的曾祖父与他的两位夫人一起享祀，而只有其中一位夫人育有一子。作为开基祖的孔子与他的夫人和儿子、孙子及其配偶也都一起享祀。第六章中描述的各种礼仪论争证明，用现代两分法概念如“公与私”“国家与家庭”来分析古代与近代问题是不合适的。

张载（1020—1077年），一位宋代的思想家，在回顾儒家传统确立之路时，写了如下这段话：

> 知化则善述其事，穷神则善继其志。不愧屋漏为无忝，存心养性为匪懈……

富贵福泽，将厚吾之生也；贫贱忧戚，庸玉汝于成也。存，吾顺事；没，吾宁也。（《西铭》）

张载在这段话中传达了人生中实践中庸之道的意义，并把它升华到神秘的高度。与他相对照，鲁迅——中国20世纪最著名的作家，在概括孔子人生际遇的时候却充满了嘲讽：“孔夫子的做定了‘摩登圣人’是死了以后的事，活着的时候却是颇吃苦头的……”（《在现代中国的孔夫子》）每一个关于孔子的相悖论断都告诉了我们一些深刻的真实。这是我们面临的挑战之一，即我们仍然忽视了孔子的“多重人生”所带来的许多矛盾。但是，如果真的可以为政以礼，何复多言？很显然，“老者安之，朋友信之，少者怀之”，这只是孔子热切的愿望罢了。